글 | 국립과천과학관 박대영

관측천문학과 대중천문학을 공부한 과학문화기획자이자 천체사진가로 별과 함께 하는 삶을 꿈꿉니다. 별이 있는 풍경을 좋아하고 지구상에서 일어나는 일식이나 월식을 쫓아다닙니다. 안양대학교 외래교수, 무주반디별천문과학관 관장을 거쳐 현재 국립과천과학관 천문우주팀장으로 일하고 있습니다. 쓴 책으로는 『우주 대체험』『별 그리고 우주』가 있습니다.

'사이다' 시리즈는

과학을 뜻하는 '사이언스(Science)'와 모두를 뜻하는 '다'를 합친 말입니다. '과학의 모든 것', '톡 쏘는 사이다처럼 톡톡 튀는'이라는 뜻을 담고 있죠. 강하게 발음하면 '싸이다'가 되는데, '과학적 지식이 점점 쌓인다.'라는 의미도 있습니다. 이 모든 의미 위에 과학과 독자 '사이'를 잇고자 하는 마음을 듬뿍 담았습니다.

국립과천과학관 어린이 과학 시리즈

태양계x어린왕자

펴내는 글

20세기에 가장 중요한 능력은 문해력, 즉 글자를 읽는 능력이었습니다. 읽을 줄 알아야 자신의 이익을 지키면서 교양을 갖춘 문화인으로 살 수 있었기 때문이죠. 21세기인 지금은 과학을 이해하며 즐길 수 있는 문해력이 더해져야 합니다. 과학 문해력은 단순히 현상과 공식을 보는 행위가 아니라 사실을 오해 없이 받아들이고 실제로 이해하는 능력입니다.

많은 사람들이 과학은 어렵다고 말합니다. 정말입니다. 과학은 어렵습니다. 그런데 과학만 어려운 것은 아닙니다. 역사도 어렵고 예술도 어렵고 경제, 철학, 지리, 문학 모두 어렵습니다. 그런데 왜 과학만 유독 어렵다고 느낄까요?

언어가 다르기 때문입니다. 다른 분야는 우리가 평소에 사용하는 자연어로 쓰여 있어 아무리 어려워도 읽을 수 있습니다. 하지만 과학은 수학이라는 비자연어를 사용합니다. 언어가 달라서 유독 어렵게 느껴지는 것이죠.

모든 사람이 과학자가 될 수도 없고 그럴 필요도 없습니다. 하지만 과학 문해력은 21세기의 핵심 능력입니다. 그 능력을 키워줄 사이언스 커뮤니케이터가 직업인 과학자들이 모여 있는 곳이 있습니다. 바로 과학관입니다. 과학관의 과학자들은 전시와 교육을 통해서 과학 문해력을 높이는 일을 합니다.

    이를 위해 국립과천과학관의 과학자들이 새로운 시도를 하였습니다. 어린이들의 과학 문해력을 높이는 글을 써서 공개한 것입니다. 어린이들이 궁금해하고 알아야 할 과학 지식을 재미있는 동화와 이야기 형식으로 풀어냈습니다. 여기에 상상아카데미가 글을 엮고 그림을 더하여 어린이들을 위한 과학 도서 '사이다' 시리즈를 만들었습니다.

    '사이다'는 과학을 뜻하는 '사이언스(Science)'와 모두를 뜻하는 '다'를 합친 말로, '과학의 모든 것', '톡 쏘는 사이다처럼 톡톡 튀는'이라는 뜻을 담고 있습니다. '사이다' 시리즈에서 과학의 모든 것을 만나 보세요. 톡톡 튀는 사이다처럼 시원하게 즐기는 동안 과학 지식이 차곡차곡 쌓이고 과학 문해력이 껑충 뛰어오르는 경험을 하게 될 것입니다.

    과학은 이제 문화입니다. 과학 문해력이 높아질수록 우리 어린이들이 살아갈 사회도 더 합리적으로 작동하게 될 것입니다. '사이다' 시리즈로 명랑 사회를 구현합시다.

2021. 10.
국립과천과학관장 이정모

차례

펴내는 글   4
등장인물   8

1. B-612에 불시착하다!

어느 별에서 왔니   12
우리 별 같은 게 또 있다고?   22
가고 싶은 별이 생겼어   32
리피의 별 노트 소행성대에 있는 천체   34

2. 우주로 출발!

가자, 우주로!   38
물방울 무늬의 세레스   44
내 맘에 하트 모양   47
노을이 일 년에 한 번 지는 곳   55
리피의 별 노트 명왕성   58

3. 태양계에도 쌍둥이가 있다?

하우메아 여신   62
폭신폭신 말랑말랑   66
희미한 고리가 있어   70
뒹굴뒹굴 천왕성   74
예쁜 이름 티타니아   80
리피의 별 노트 천왕성과 해왕성   86

4 세상에서 가장 아름다운 별은?

토성의 틈과 고리 속으로!	90
붉은 눈동자의 정체는?	99
갈릴레이의 별들	103
리피의 별 노트 토성과 목성	106

5 푸른 노을이 지는 곳

하루에 1,440번	110
본격적인 화성 탐사의 시작!	116
편히 쉬기를	119
푸른 노을	122
리피의 별 노트 화성	126

6 드디어 지구로!

지구로 가는 게 아니었어?	130
금성은 눈썹 모양	133
수성은 내장 비만?	140
드디어 지구로!	143
안녕, 아름다운 지구	153
리피의 별 노트 금성과 수성, 지구와 태양	160

※ '리피의 별 노트'에 나오는 행성 정보는 미국 항공우주국(NASA) 자료를 기준으로 하였습니다.

등장인물

리피

어린왕자. 장미꽃 하몽과 함께 B-612라는 별에 산다. 세상에서 가장 사랑하는 것은 하몽. 예전에 혼자 태양계를 여행하다가 지구인을 만나 실망한 적이 있다.

하몽

장미꽃. 자존심이 강하지만, 속마음은 따뜻하고 상냥하다. B-612를 떠나본 적이 없어서 우리 별 바깥 이야기를 늘 궁금해한다. 그런데 겁이 많아서 B-612를 떠날 엄두를 내지 못하다가 은하를 만나 우주 여행을 떠나게 된다.

은하

열한 살 지구 소녀. 우주생물학자가 꿈이다. 세상에서 별을 가장 사랑한다. 할아버지께서 만들어 주신 우주선을 타고 우주 여행 중이다. 우주선이 고장 나 우연히 B-612에 착륙하면서 어린왕자 리피와 하몽을 만나게 된다.

미리내

로봇. 우주에 대해서라면 어떠한 질문에도 막힘없이 대답하는 우주 전문 척척박사다. 은하의 할아버지가 개발한 로봇으로 은하와 우주 여행을 함께하는 친구이다.

프랑스 소설가 생텍쥐페리의 『어린왕자』에 나오는 소행성 B-612는 실제로는 존재하지 않는 별이야. 이 사실을 안타깝게 여기는 두 사람이 있었어. 바로 에머리와 그리가르야. 이들은 동화 『어린왕자』를 진심으로 사랑했고, 1993년 10월 15일에 새로 발견된 소행성에 '46610 베시두즈'라는 이름을 붙이자고 제안했어. '베시두즈'는 프랑스어로 B-6-12라는 뜻이거든. 국제천문연맹의 소행성 센터는 두 사람의 제안을 받아들여서 46610번째로 등록된 소행성에 B-612라는 이름을 붙여 주었어.

지구인들은 하늘에서 볼 수 있는 모든 천체를 '별'이라고 불러. 그런데 천문학에서 사용하는 '별'이라는 말은 '항성'을 가리키는 거야. 태양계에서는 태양만 항성, 즉 별이야. 하지만 우리는 모든 천체를 '별'이라고 부를 거야. 어린왕자와 하몽은 지구인이 아니니까!

B-612에 불시착하다!

은하와 미리내는 우릴 보고 반가워했어.

"으응…. 난 리피라고 해. 어린왕자라고 부르기도 하고. 여긴 나와 함께 살고 있는 장미꽃, 하몽."

"둘 다 예쁜 이름을 가졌구나. 그런데 리피, 여기는 어디야? 우리는 우주선이 갑자기 작동하지 않는 바람에 이곳에 불시착하게 되었어."

"이곳은 조그마한 나의 별이야. 누군가 B-612라고 부르는 걸 들었지만 난 그냥 '우리 별'이라고 불러."

"너희들은 어디에서 왔니?"

내 뒤에 바짝 붙어 있던 하몽이 슬며시 걸어나오며 물었어.

"지구라는 푸른 빛을 가진 아주 아름답고 멋진 행성에서 왔어. 혹시 지구에 와 본 적 있어?"

은하는 지구라는 별을 생각하는 것만으로도 황홀한 표정을 지었어.

"응, 아주 오래전에 잠깐……."

내가 전에 여행했던 그 지구를 말하는 건가? 오래전 우주 여행을 했을 때 잠시 들렀었지.

지구는 크고 복잡해서 골치가 아팠어. 무엇보다 지구인은 하나 같이 바빠서 노을을 볼 여유도 없어 보였지.

"불시착했다면 너희 우주선에 문제가 생긴 거야?"

"그런 것 같아. 리피, 여기에 머물면서 우주선을 점검해야 할 것 같은데……. 너희만 괜찮다면 말이지."

"물론, 얼마든지! 하몽, 너도 좋지?"

"당연하지! 난 우리 별에 오는 손님은 누구든 환영이야. 우리 별의 근사한 붉은 빛 노을을 보여 주고 싶거든. 그리고 다른 별 이야기도 듣고 싶어."

하몽은 오랜만에 우리 별 바깥 이야기를 들을 수 있을 거라는 기대에 은하와 미리내를 반가워하는 것 같았어. 하몽이 좋다면 나도 얼마든지 환영이야.

나는 은하와 미리내를 우리 집으로 안내했어. 원래 우리 별에는 바오밥 나무 두 그루가 있었는데, 한 그루를 베어서 집을 지었어.

"내가 혼자 지내는 아래층에는 작은 침대와 차를 마실 수 있는 공간이 있어. 위층에는 조그만 다락이 있는데, 아늑하고 포근해서 내가 가장 좋아하는 곳이야."

"와! 정말 아름답고 멋진 집이야!"

은하는 우리 집이 동화 속에 나오는 집 같다며 감탄했어.

"하몽은 자신이 가꾸는 장미 정원에서 지내. 장미 정원 덕분에 내 방 창문을 열면 장미 향이 물씬 풍기지. 장미 향을 맡을 때면 꿈속을 거니는 기분이 들어."

그날도 내 방은 장미 향으로 가득했어.

"장미 향을 따라 바깥으로 나가면 우리 별에 온기를 주는 화산이 보여. 나는 화산 꼭대기에 올라가서 하몽과 함께 노을을 볼 때도 있고, 혼자 화산 주변을 돌며 화산에게

말을 걸기도 해. 아마 화산은 내 모든 비밀을 알고 있을 거야. 난 매일 아침이면 화산을 깨끗하게 청소해. 어제도 화산을 청소하느라고 바빴지."

"여러 별을 가 봤지만 이렇게 사랑받는 별은 처음 봐. 별 구석구석에 정성이 묻어 있어."

우리 별을 꼼꼼이 들여다보던 은하가 말했어.

"하몽과 나는 지금 막 저녁을 먹으려던 참이었어. 너희도 같이 먹을래?"

"정말? 솔직히 우주선이 고장 나는 바람에 아무것도 못 먹어서 배가 많이 고팠어. 먹는 이야기를 하니 더 배가 고프네. 하하."

내 말에 은하와 미리내는 바로 식탁에 앉았어. 은하는 원래 우리 별에 살던 사람처럼 편안해 보였어. 나라면 우주선을 고칠 때까지는 아무것도 먹지 못할 텐데 말이야.

나는 우리 별에서 가장 맛있는 빵을 내왔어. 우리 별에 온 손님은 좋은 대접을 받아야 하니까. 매일 아침 화산의 열기로 굽는 빵이라 고소하고 따뜻했지.

"화산에서 구운 빵이라고? 맛있겠다! 많이 먹어야지!"

 은하는 성격이 급한 것 같았어. 내가 다섯 입에 먹는 빵 한 조각을 두 입에 먹어 치웠거든. 미리내가 열심히 정보를 찾고 있는데도 계속 조르는 것만 봐도 그렇고.
 지구인은 다들 성격이 급한가 봐. 예전에 만났던 지구인도 밥을 10분 만에 헤치웠지.

우리 별 같은 게 또 있다고?

"지구처럼 태양 주위를 도는 별을 뭐라고 하는지 알아?"
"그것도 모를까 봐? 행성이잖아!"
하몽이 말하려는 순간, 은하가 재빨리 먼저 말했어. 나는 하몽이 속상해할까 걱정했는데 하몽은 멀리서 온 친구들에게는 마음이 너그러운 것 같았어.
"맞아. 그런데 행성 말고도 태양 주위를 도는 별은 아주 많아."
"정말? 어떤 별이 있어?"
하몽이 호기심에 가득 찬 눈빛으로 물었어.
"너희가 살고 있는 소행성이 대표적이야."
"우리 별이 소행성이라고? 소행성이라면 작은 행성을 말하는 거야?"
하몽이 미리내에게 바짝 다가서며 물었어.
"응, 소행성은 행성보다 훨씬 작은 아기별이라고 할 수 있지."
예전에 태양계를 여행할 때 아주 작은 별에도 가 본 적이 있는데, 그런 별을 소행성이라고 부르는지는 지금 알았어.

"B-612는 4만 6,610번째로 등록된 소행성이야."

우리 별이 소행성? 게다가 4만 6,610번째? 미리내의 말에 나는 실망한 눈빛을 감출 수 없었어. 소중한 우리 별이 무수히 많은 별 중의 하나라니!

"소행성은 다 작은 거야?"

하몽은 조금 아쉬운 듯 미리내에게 물었어. 하몽도 우리 별이 작은 게 싫었나 봐.

"크기가 큰 것도 있어. 물론 행성보다는 아주 작지만 말이야."

"미리내, 리피와 하몽의 소행성은 어디쯤에 있는 거야? 여기 위치를 알아야 우리의 다음 행선지를 정하지!"

"실망하기에는 일러. 소행성대에는 볼거리가 많으니까! 자, 한 번 볼래? 소행성이 어떻게 움직이는지?"

미리내는 손바닥에서 빛을 내보내 움직이는 그림을 보여 주었어. 수많은 소행성들이 무리 지어 태양을 도는 것이 보였어. 크기가 1킬로미터 이상 되는 것만도 100만 개가

넘는다고 했어. 저 속에 우리 별이 있다는 게 신기했지. 은하도 신이 나서 그림을 열심히 보더라고.

"이제 배도 부르니 슬슬 우주선을 살펴볼까?"

갑자기 은하가 벌떡 일어서면서 우주선 이야기를 꺼냈어. 이 아이는 뭐든 생각나는 대로 행동하는 버릇이 있는 것 같아.

"그럴까? 수다 떠느라 시간 가는 줄도 몰랐네. 급한 건 우주선을 고치는 일인데!"

미리내도 중요한 것을 잊고 있었다는 듯이 말했어.

"우주선을 고치고 나면 어디로 갈 거야?"

나는 갑작스럽게 들이닥친 지구인 친구들이 해 주는 이야기가 재미있었어. 이 친구들이 우리 별 다음으로 방문할 곳이 어디일지도 궁금했지. 지구인들은 빠듯한 일정에 쫓겨 우주 여행도 바쁘게 다닐 것 같았거든.

"우주에서 어떤 일이 벌어질지 모르니 가고 싶은 별 목록만 만들어 왔어. 그때 그때 자유롭게 여행하려고. 하하."

"그럼 너희가 처음으로 여행한 별은 어디야?"

"이곳에 오기 바로 직전에 들렀던 곳이야. 바로 너희 별 옆에 있는 세레스!"

은하가 사진 한 장을 보여 주며 말했어.

"이제 내 실력을 발휘할 때가 되었군! 세레스는 소행성대에서 가장 먼저 발견된 소행성이야. 1801년 1월 1일에 이탈리아의 천문학자 피아치가 발견했지. 하하."

은하는 선생님이 된 듯 우리를 바라보며 설명하기 시작했어.

"이름이 참 예쁘다. 이름에 뭔가 특별한 의미가 있는 것 같아!"

"오! 하몽. 뭔가 알고 있는 것 같은데? 네 짐작대로 세레스라는 이름은 여신의 이름이야. 로마신화에 나오는 '농업과 곡물의 여신'의 이름에서 유래했지. 세레스는 이탈리아 남서부에 있는 시칠리아의 수호신 이름이기도 해."

나는 지구의 여러 곳을 여행했는데 이탈리아라는 곳은 처음 들어. 지구인 중에도 작은 소행성에 관심을 주는 사람이 있다는 게 의외였어.

나중에 다시 지구 여행을 가게 된다면 소행성을 처음 발견한 지구인이 사는 이탈리아에도 가 보고 싶다는 생각이 들었어.

허허, 나 피아치가 세레스를 처음 발견했지!

소행성의 이름은 어떻게 지을까?

소행성에 이름을 붙이려면 규칙이 있어.

먼저 발견한 연도를 적고 이어서 달, 그 달에 몇 번째로 발견되었는지 번호를 적어. 쉽지? 그런데 이건 임시 이름을 짓는 규칙이야. 예를 들어 2021년 10월 10일에 10번째 소행성이 새로 발견되었다면 이 소행성은 '2021 T10'이라는 임시 이름을 갖게 돼. 2021은 발견한 연도, T는 10월 1일에서 15일 사이에 발견한 소행성, 10은 이 기간에 10번째로 발견된 소행성을 나타내. 발견한 달은 숫자 1과 혼동을 일으킬 수 있는 'I'를 제외한 영어의 알파벳 24개를 한 달에 두 개씩 사용해.

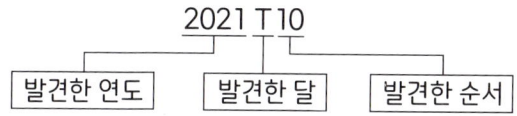

	1월	2월	3월	4월	5월	6월	7월	8월	9월	10월	11월	12월
1~15	A	C	E	G	J	L	N	P	R	T	V	X
16~31	B	D	F	H	K	M	O	Q	S	U	W	Y

오랜 검증을 거쳐 새로운 소행성으로 확인되면 그때 공식적인 이름을 붙여. 발견된 순서나 인정된 순서의 번호를 적고, 그 뒤에 발견자의 이름이나 지명을 붙이지. 처음 발견된 소행성의 공식 이름은 '1 Ceres'야. 1은 첫 번째로 등록되었다는 뜻이지.

"세레스도 우리 별처럼 작아?"

"세레스는 너희들이 사는 소행성보다 50배 정도 커."

"뭐? 50배나! 우리 별보다 훨씬 크네?"

나는 세레스의 크기에 좀 놀랐지만, 그래도 나는 우리 별이 더 좋아. 여긴 내가 사랑하는 하몽도 있고 화산도 있으니까. 그리고 나의 바오밥 나무까지.

"별의 크기는 중요하지 않아. 우주에 사는 모든 별은 다 아름다워. 모두 각각의 크기와 밝기로 세상을 비추고 있으니까 말이야."

은하는 사랑이 가득 담긴 목소리로 말했어. 이 아이의 별을 사랑하는 마음이 내게 그대로 전해졌지.

가고 싶은 별이 생겼어

"미리내, 다음 여행지를 정했어."

은하의 갑작스런 말에 나는 당황스러웠어. 은하와 미리내가 이렇게 빨리 떠날 줄은 몰랐거든.

"왜 소행성 말이 나왔으니 명왕성에 가 봐야 하지 않겠어? 원래 내 우주 여행 목록에도 있거든. 하하. 참, 명왕성에 가는 길에 해왕성에도 들릴 거야!"

은하는 해왕성에도 가 보고 싶어 했어. 내가 태양계를 여행할 때 아주 오랜 시간이 걸려서 도착한 곳이 해왕성이었어. 거긴 푸른빛이 아름다워 꼭 한 번 더 가 보고 싶었어.

"애들아, 괜찮다면 우리도 데려가 줘!"

내 말에 은하와 미리내가 동시에 나를 쳐다봤어.

"하몽과 함께 우주 여행을 하고 싶어. 너희 여행에 방해가 되지 않는다면 말이야."

"당연히 환영하지! 그렇지? 미리내?"

은하의 말에 내 옆에 있던 하몽도 펄쩍펄쩍 뛰며 환호성을 질렀어. 하몽이 저렇게까지 기뻐할 줄은 몰랐는데, 하몽이 행복해하는 모습을 보니 나도 정말 기뻤어.

리피의 별 노트

소행성대에 있는 천체

세레스

1801년에 피아치가 제일 처음 발견한 소행성이야. 평균 지름은 약 940킬로미터로 소행성 중 크기가 가장 커. 발견 당시에는 행성으로 분류되었다가 1850년대에 소행성으로 다시 분류되었어. 그러다가 2006년에 왜소행성으로 다시 분류되었지.

팔라스

1802년에 올버스가 발견한 소행성이야. 두 번째로 발견되었지. 평균 지름은 505~520킬로미터로 약간 찌그러진 모양을 하고 있어. 소행성 중 세 번째로 크기가 커.

베스타

팔라스를 발견한 올버스가 1807년에 발견한 네 번째 소행성이야. 평균 지름이 525킬로미터로 소행성 중 두 번째로 커.

가스프라

1916년에 네오즈민이 발견한 소행성이야. 평균 지름은 12.2킬로미터로 작은 편이지. 탐사선이 직접 접근해서 촬영한 최초의 소행성이야.

우주로 출발!

가자, 우주로!

나는 바깥에서 쿵쾅쿵쾅하는 소리에 잠에서 깼어. 창문 밖을 보니 벌써 바오밥 나무 위로 해가 떠 있었어. 늦잠을 잤지 뭐야! 어제 미리내가 들려주는 별 이야기에 흠뻑 빠져 늦게 잠이 들었거든.

"어! 하몽, 너도 벌써 일어났네."

"나야 늘 부지런하지. 리피, 얼른 나와 봐! 미리내와 은하가 아침부터 우주선을 고치고 있어. 같이 구경가자!"

"아! 쿵쾅거리는 소리가 우주선을 고치는 소리였구나."

쟤네들은 잠도 없나? 늦게까지 우리와 이야기하느라 잠도 충분히 못 잤을 텐데. 확실히 지구인들은 너무 바쁘게 사는 것 같아.

"리피, 하몽! 빨리 와 봐!"

은하가 나와 하몽을 불렀어.

"벌써 다 고친 거야?"

"거의 끝났어. 리피, 하몽, 조금만 기다려! 곧 우리 우주선을 구경시켜 줄게."

잠시 후 은하는 우리를 우주선 안으로 안내했어.

 우주선 안에는 복잡하고 이상하게 생긴 장치들이 많았어. 특히 미리내 손바닥에는 우주선 조정 컴퓨터에 연결할 수 있는 기계가 달려 있었는데 멋지고 신기했어. 아무튼 지구인들은 복잡한 걸 좋아하나 봐.
 "우주선은 다행히 별문제 없어. 소행성대를 통과할 때 물

체에 부딪치면서 추진 장치에 문제가 있었나 봐."

미리내의 말을 들으니 안심이 되었어. 정말 다행이야! 우주선이 망가져 다른 별에 못 가면 어쩌나 걱정했거든. 역시 미리내는 못하는 게 없는 멋진 친구야!

"저기… 그런데… 우리 우주선은 2인용이야. 우주선에 네 명이 타려면 자리를 마련해야 해. 추진력도 부족해서 우주선을 밀어줄 무언가가 필요하고……."

은하가 곤란한 표정으로 나와 하몽을 보며 말했어.

"화산에서 나오는 열을 이용하면 어떨까? 전에 화산이 폭발해서 우리 집 지붕이 날아간 적도 있거든. 그 정도면 우주선을 날리기에 충분할 것 같은데……."

나는 슬쩍 하몽을 바라봤어. 하몽은 그때 얼마나 놀랐던지 지금도 화산이 폭발할 때가 되면 내 방에 들어와 귀를 꼭 막고 침대 밑에 숨어.

"리피, 난 무시무시한 화산 폭발도 참을 수 있어. 다른 별에 갈 수 있다면 말이야!"

하몽의 떨리는 목소리에 왠지 모를 굳은 다짐이 느껴졌어.

"화산이 폭발할 때 발생하는 에너지라면 우주선의 추진력을 키우기에 충분할 거야. 언제쯤 화산이 폭발할까?"

"지난주에 작은 폭발이 있었으니까, 아마 내일쯤 한 번 더 폭발할 거야."

내 말에 미리내는 알겠다는 듯 고개를 끄덕였어.

은하와 미리내는 우리에게 우주를 여행할 때 주의해야 할 것들을 이야기해 주었어. 귀기울여 듣는 하몽을 보니 나보다 더 열심이어서 안심이 됐지.

드디어 내일이면 떠난다니! 나는 하몽을 처음 만났을 때처럼 들뜨고 흥분되어서 늦게까지 잠을 이루지 못했어. 새벽녘에 잠시 잠이 들었는데, 우주선을 타고 명왕성에 내리는 꿈을 꾸다 미리내의 목소리에 잠이 깼어.

"얘들아! 어서 타. 이제 곧 화산이 폭발할 거야!"

"우리도 준비 완료!"

물방울 무늬의 세레스

하몽은 명왕성까지 2년이나 걸린다는 말에 실망한 표정을 지었어.

"하하, 걱정하지 마. 미리내가 명왕성에 도착할 때까지 너희를 잠들게 할 거니까. 눈 뜨면 바로 명왕성일걸?"

은하가 웃으면서 말했어.

순간 나는 지구의 사막에서 노란 뱀에 물렸을 때가 떠올랐어. 살짝 잠이 든 것 같았는데 눈을 뜨니 우리 별에 도착해 있었거든. 그때와 비슷하지 않을까 생각했어.

"우와! 저 별 정말 예쁘다. 우리 저기 들렀다 가자!"

하몽이 우주선 밖으로 보이는 별을 보며 들뜬 표정으로 미리내에게 물었어.

"저게 바로 우리의 첫 여행지였던 세레스야! 아쉽지만 우린 그냥 지나쳐 가야 해. 세레스의 중력을 이용해 속도를 조금 더 올려야 명왕성까지 빠르게 갈 수 있거든."

나는 우리 별 근처에 있는 세레스에 가 보고 싶었지만 다음에 또 기회가 있을 거라고 생각했어. 솔직히 지금은 세레스보다 명왕성에 더 빨리 가 보고 싶으니까.

"미리내, 세레스 표면에 물방울 무늬 같은 건 뭐야?"

"하몽, 넌 정말 관찰력이 뛰어나구나! 그건 크레이터야! 소행성이나 혜성이 충돌한 자국이지."

우리 별에도 가끔 혜성이 지나치다 충돌해서 크게 패인 곳이 있었어. 세레스도 우리 별과 닮은 점이 많은 것 같았어.

"리피, 하몽! 세레스가 소행성 중 가장 크고 또 가장 먼저 발견되었다고 했던 말 기억하지? 지금은 소행성이 아닌 왜소행성으로 부르지만. 우리가 여행할 명왕성은 세레스보다 두 배나 더 커!"

하몽의 눈동자기 반짝였어. 명왕성이 세레스보다 더 크다는 미리내의 말에 명왕성에 대한 기대가 한껏 더 커진 것 같았지.

"이제 너희들을 재울 거야. 깨어나면 명왕성이 보일 테니 기대해!"

나는 조금 두려웠지만 하몽을 위해 태연한 척 했어. 하몽도 내색은 안 했지만 그렇게 오랫동안 잠을 잘 수 있다는 게 믿어지지 않는 눈치였어.

이건 뱀에 물리는 것보다 무서워….

700일을 잔다는 건 어떤 느낌일까?

죽는 것도 아니고 뭐 어때!

내 맘에 하트 모양

머리가 조금 아프고 다리가 공중에 붕 뜬 것처럼 이상한 느낌이 들었어. 내가 이제 깨어난 건가?

"아, 잘 잤다. 너도 잘 잤어?"

은하는 잠에서 깨는 게 자연스러운 것 같았어. 우주 여행을 오래해서 익숙한 것 같았지.

"나 행복한 꿈을 꾸었어. 명왕성에 내려서 여기저기 뛰어다니는 꿈. 명왕성에도 우리 별처럼 바오밥 나무가 있고 훨씬 큰 화산도 있었어. 나를 닮은 장미도 무척 많았는데……."

하몽이 일어나면서 잠꼬대처럼 말했어.

"너희, 지금 이러고 있을 때가 아니야. 저기 동그란 별 보이지? 저게 명왕성이라고!"

"뭐? 벌써 명왕성에 도착한 거야?"

은하가 우주선에 난 창을 통해 우리에게 명왕성을 보여 주었어.

"아직은 아니야. 명왕성 쪽으로 조금 더 접근하기 위해 속도를 높일 테니 꽉 잡아."

미리내의 말이 끝나기 무섭게 갑자기 몸이 뒤로 확 젖혀지는 느낌이 들더니 주변의 별들이 빠르게 지나갔어.

"와, 여기도 소행성대야? 이곳도 우리가 살던 소행성대

처럼 작은 별들이 많네!"

"하몽, 여긴 카이퍼 벨트라고 불러. 소행성대처럼 수백만 개의 작은 별들이 있을 것으로 예상하지. 해왕성 바깥에 수많은 작은 별들이 커다란 띠를 이루면서 태양을 돌고 있어."

두둥!

"저건 뭐야? 꼭 하트 같아. 정말 아름다워!"

하몽이 가리키는 곳을 보니 명왕성 표면에 커다란 하트가 보였어. 은하도 덩달아 '와' 하고 소리를 질렀지.

"저 하트처럼 생긴 건 굉장히 밝게 보이네. 혹시 눈이나 얼음이 아닐까?"

은하가 미리내를 보면서 물었어.

"얼음은 얼음인데 물은 아니야. 질소 얼음이지! 사람들은 하트 모양의 지형을 '톰보우 지역'이라고 불러. 명왕성을 처음 발견한 사람의 이름을 붙인 거야."

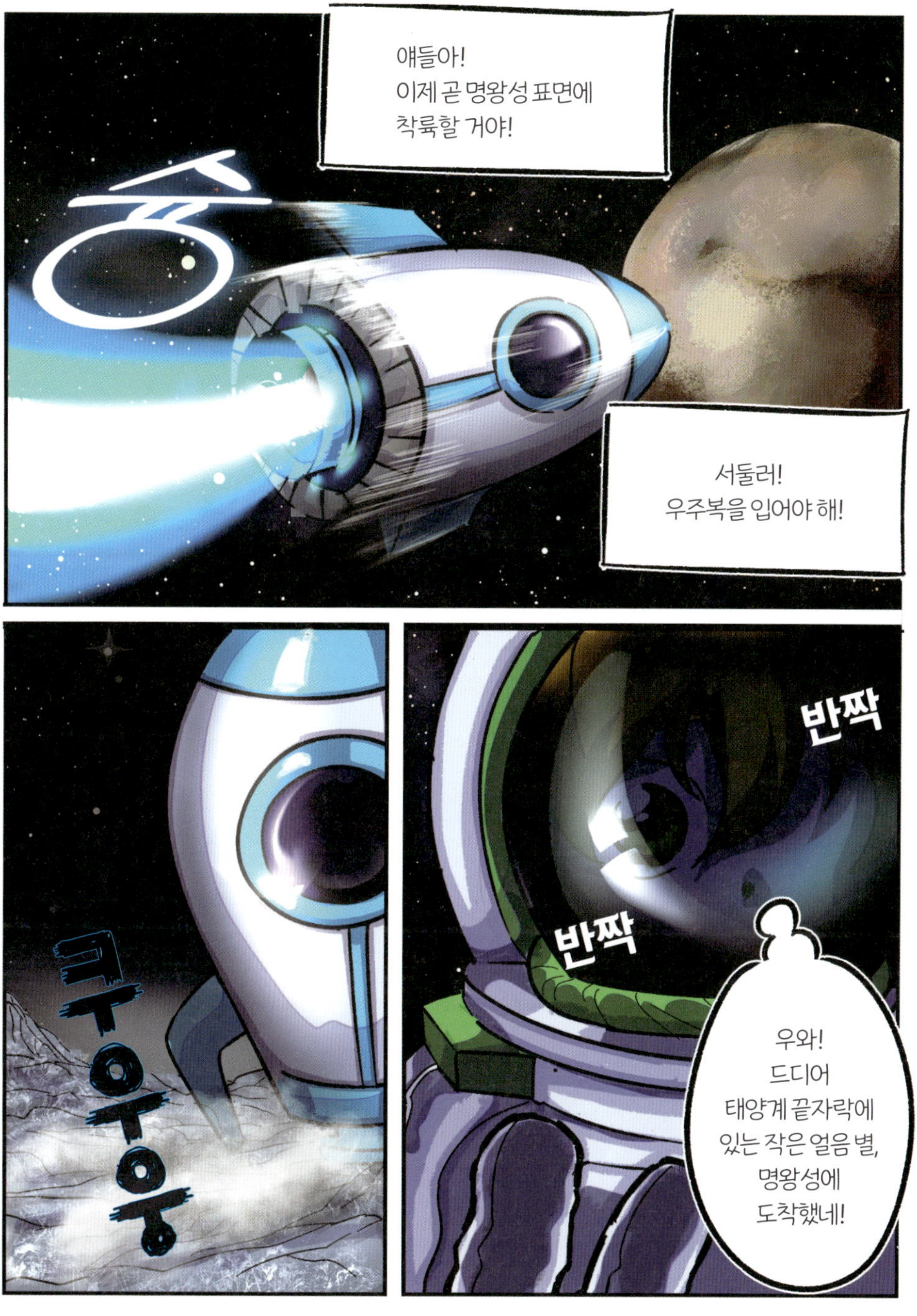

"명왕성은 카이퍼 벨트에서 발견된 첫 번째 별이야. 처음 발견했을 때는 당연히 행성이라고 생각했지."

은하는 미리내의 말을 믿을 수 없다는 듯 큰 눈을 동그랗게 뜬 채 말했어.

"처음부터 왜소행성이었던 게 아니고? 명왕성이 부서지기라도 했단 말이야?"

"행성과 왜소행성은 비슷한 점이 많아. 둥글게 생기고, 태양을 따라 돌고. 명왕성이 오랫동안 행성으로 불렸던 것도 바로 이런 특징 때문이지."

"그런데 왜 왜소행성이 된 거야?"

"행성은 태양 둘레를 거의 원에 가깝게 도는데 왜소행성은 많이 찌그러져서 돌아. 또 행성 주변에는 방해될 만한 천체가 하나도 없는데 왜소행성 주변에는 다른 천체들이 많이 돌고 있지."

노을이 일 년에 한 번 지는 곳

나는 이중 행성이라는 말이 어려웠지만 그런 건 아무래도 좋았어. 꼭 와 보고 싶었던 명왕성이 저 앞에 있으니까.

"더 재미있는 걸 알려 줄까? 카론에서는 일 년에 한 번만 해가 뜨고 져."

"일 년에 한 번이라고? 왜 그런 거야?"

"명왕성이 카론을 잡아당기고 있거든. 그러다 보니 명왕성과 카론의 자전과 공전 주기가 같아졌어. 명왕성과 카론의 하루 길이도 같아졌고. 신기하지?"

미리내 말대로라면 여기에서는 노을을 일 년에 한 번밖에 못 보는 거잖아. 우리 별에서는 매일 노을을 볼 수 있는데. 매일 노을을 보는 일이 당연하지 않은 별도 있다니……. 놀라웠어.

"미리내, 카론 말고 다른 위성은 없어? 하나만 있으면 외로울 텐데?"

"명왕성 둘레를 도는 위성은 모두 다섯 개야. 저 앞에 보이는 건 두 번째로 발견된 위성인 히드라야. 꼭 감자같이 생겼지? 그 옆에 있는 건 닉스!"

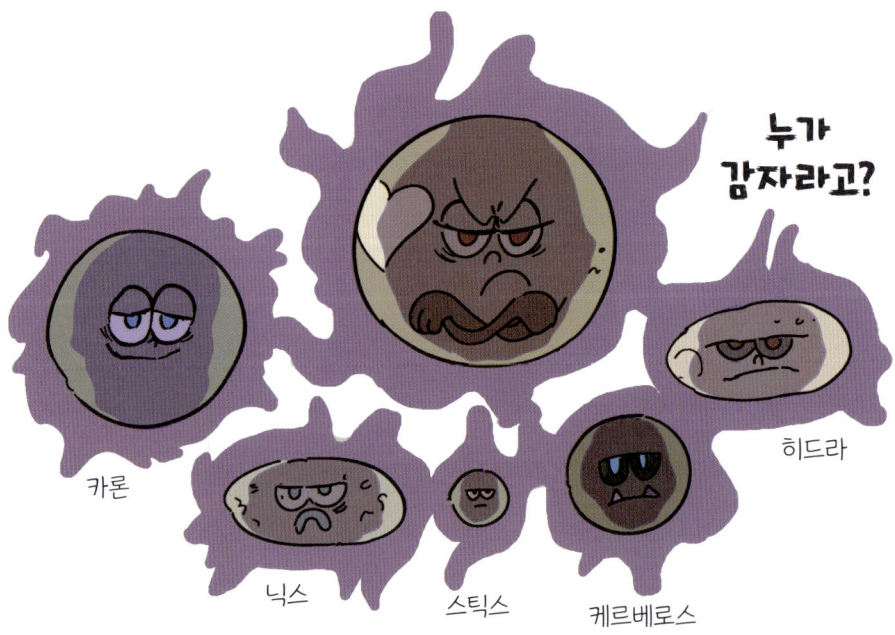

감자같이 생긴 별이라니! 하몽이 침대 밑에 뭉쳐 놓은 휴지 뭉치가 떠올라 웃음이 났어.

"나머지 두 개는 어디에 있어?"

하몽이 호기심에 가득 찬 눈빛으로 물었어.

"나머지 두 개는 명왕성 반대쪽을 돌고 있어. 그건 돌아가는 길에 볼 수 있을 거야."

명왕성은 내가 생각했던 것보다 훨씬 멋졌어. 하몽도 명왕성에 만족하는 눈치인 걸 보니 우주 여행에 함께 오길 잘한 것 같아.

은하의 과학 뽐내기

태양계 행성에는 어떤 게 있어?

태양계 행성은 크게 지구형 행성과 목성형 행성으로 구분하고 있어.

지구형 행성은 태양과 가까운 궤도로 돌고, 지구와 같이 단단한 암석으로 이루어져 있어. 우리가 앞으로 여행할 수성, 금성, 지구, 화성이 지구형 행성이야.

목성형 행성은 태양에서 먼 궤도를 따라 돌고, 주로 수소와 헬륨으로 이루어져 있어. 우리가 곧 여행할 해왕성이 목성형 행성이지. 목성형 행성으로는 목성, 토성, 천왕성, 해왕성이 있어.

지구형 행성

목성형 행성

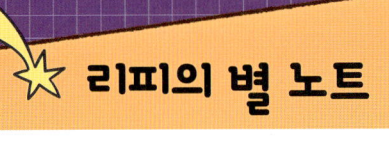# 리피의 별 노트

명왕성

이름의 유래: 로마신 플루토

지위: 왜소행성

발견일: 1930년 2월 18일

발견자: 클라우디 톰보우

평균 지름: 2,377킬로미터

질량: 지구의 0.0025배

평균 기온: 영하 225도

공전 주기: 247.94년

어때?

감동이야! 명왕성을 이렇게 가까이서 보다니!

자전 주기: 6일 9시간 17분 36초

위성: 5개

태양에서 가장 가까울 때의 거리: 44억 3,680만 킬로미터

태양에서 가장 멀 때의 거리: 73억 7,590만 킬로미터

- 76년간 태양계의 9번째 행성이었다가 2006년에 왜소행성으로 분류
- 이중 행성
- 카이퍼 벨트에서 처음으로 발견된 천체

이중 행성이란?

행성을 공전하는 천체를 위성이라고 해. 예를 들어, 지구의 주변을 도는 달이 지구의 위성이야. 위성은 크기와 질량이 아주 작아. 달은 지구의 4분의 1 정도고, 질량은 훨씬 작아서 81분의 1밖에 안 돼.
그런데 명왕성의 주변을 도는 카론은 명왕성의 위성이라고 하기에는 상대적으로 너무 크고 무거워. 크기는 명왕성의 절반쯤이고, 질량은 7분의 1 정도야. 그래서 두 천체의 질량 중심점이 명왕성 바깥에 있어. 카론처럼 크기와 질량이 지나치게 커서 질량 중심이 행성 밖에 있는 경우를 이중 행성이라고 불러.

태양계에도 쌍둥이가 있다?

하우메아 여신

하몽과 공놀이를 하다 지치면 가끔 내가 공을 깔고 앉아 있곤 했는데 하우메아는 꼭 그 공 모양이었어. 그때마다 하몽은 공이 터질 거라고 내게 핀잔을 줬지.

"미리내야, 하우메아는 어떤 별이야?"

"하우메아는 명왕성과 같은 왜소행성이야. 카이퍼 벨트에는 명왕성과 하우메아 외에도 여러 왜소행성이 있어. 하우메아는 지금 해왕성 바로 바깥까지 접근한 상태야. 384년에 한 번씩 서로 가까워지는데 지금이 바로 그때지."

"384년에 한 번씩 가까워지는데 그때가 지금이라고?"

은하가 깜짝 놀라며 미리내에게 말했어.

"흠! 너희들 이게 정말 우연이라고 생각하는 건 아니겠지?"

"오! 일부러 딱 맞춰서 왔다는 이야기? 미리내, 너는 천재야!"

은하는 미리내에게 엄지손가락을 들어 보였어. 숫자가 중요한 건가? 미리내와 은하는 사업가의 별에서 만났던 숫자에 집착하는 사람을 자꾸 떠올리게 해.

난 다~~ 계획이 있지!

하지만 난 뭐라도 상관 없어. 미리내와 은하가 없었다면 나와 하몽은 다시 우주로 한 발짝도 나서지 못했을 테니까.

"하우메아란 이름은 아름답고 우아해."

하몽은 하우메아라는 이름이 마음에 들었나 봐.

"하우메아는 하와이 신화에 나오는 여신의 이름이야. 풍요와 출산의 상징이지."

"딱 그런 느낌이 들더라고!"

하몽은 자기 생각이 맞았다는 것에 뛸 듯이 기뻐했어.

"미리내, 이제 해왕성까지는 얼마 남지 않은 거지?"

"응, 여기서 해왕성까지는 한 달 정도 걸려. 카이퍼 벨트에는 얼음으로 이루어진 작은 별이 많으니 가는 길이 심심하지는 않을 거야."

폭신폭신 말랑말랑

"우리는 지금 해왕성에서 5만 킬로미터 떨어진 지점에 접근했어. 멀리서 봐도 크기가 어마어마하지?"

오랜 시간 여행을 하느라 피곤했는지 잠시 잠이 들었는데 해왕성이 보인다는 미리내의 말에 잠에서 깼어. 멀리서 파란빛을 내는 커다란 별이 눈에 들어왔어. 나는 순간 말을 잃었어. 내가 상상했던 것보다 훨씬 크고, 더 멋졌어.

"저… 저게 해왕성이라고?"

하몽도 해왕성의 크기에 무척 놀랐나 봐. 목소리가 떨리고 있었어.

"지금까지 우리가 봤던 별에 비하면 해왕성은 정말 큰 행성이야. 명왕성보다도 무려 20배가 더 커!"

"와, 정말? 미리내, 그러면 해왕성이 가장 큰 행성이겠네?"

나는 해왕성보다 큰 별은 없을 거라고 생각했어.

"아니 앞으로 우리가 여행하게 될 천왕성이나 토성, 목성 모두 해왕성보다 커!"

나는 그만 말문이 막혔어. 세상에 저렇게 큰 별들이 많다는 게 말이야. 나는 점점 태양계에 호기심이 생겼어.

해왕성 표면은 가벼운 기체로 이루어져 있지만 해왕성 안쪽에는 물이나 암모니아, 메테인 같은 물질이 얼음 상태로 있다고 했어.

"미리내, 그러면 해왕성은 가스 행성이기도 하고 얼음 행성이기도 한 거네. 하하!"

은하는 해왕성에 대한 궁금증이 다 풀렸다는 듯 자신 있게 말했어.

"듣고 보니 그러네. 은하 너 정말 똑똑하구나!"

"리피, 왜 그래. 이 정도 가지고 뭘! 하하."

"참, 미리내, 해왕성은 왜 파랗게 보여?"

난 해왕성의 푸른빛이 정말 마음에 들었는데, 왜 그런지 궁금했어.

"해왕성 표면에는 메테인도 아주 조금 섞여 있는데 대기 중의 붉은색을 흡수해서 푸르게 보이는 거야!"

은하의 과학 뽐내기

카이퍼 벨트가 뭐야?

카이퍼 벨트는 해왕성 중력의 영향권에 있는 작은 천체들이 모여 있는 곳이야. 보통 45억 킬로미터부터 75억 킬로미터까지가 이곳에 포함되지. 카이퍼 벨트 안에 있는 천체는 주로 얼음과 암석으로 이루어져 있어.

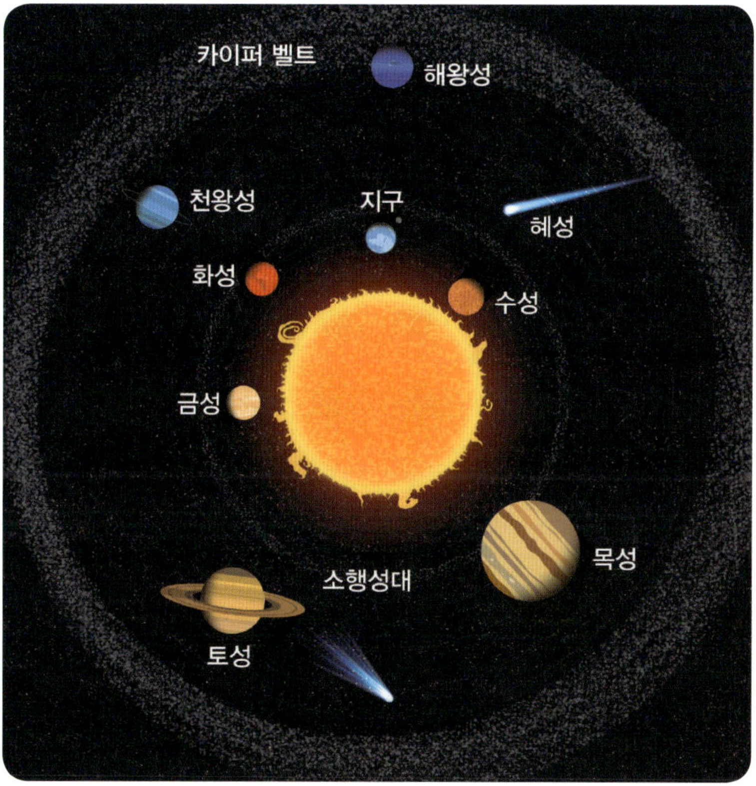

희미한 고리가 있어

"해왕성 표면에 멍든 것처럼 검은 점이 있어!"

하몽이 무언가를 보고 소리쳤어.

"저건 거대한 태풍이야. 바람의 속도가 소리보다 더 빠르지!"

"나는 저 검은 점이 꿈속에서 봤던 검고 푸른 바다라고 생각했는데 바다가 아니구나!"

미리내의 말에 하몽이 약간 실망한 듯 말했어.

"잠깐, 해왕성 옆에 희미한 띠가 있어. 너희도 보이지?"

하몽을 위로해 주려고 옆으로 다가가는데 무언가 반짝이는 게 보였어. 자세히 들여다 보니 희미한 띠였어.

"와, 리피, 너도 관찰력이 좋은데? 네가 본 것은 해왕성의 고리야."

그때 하몽이 깜짝 놀라며 소리쳤어.

"고리가 하나가 아닌 것 같아!"

"맞아. 해왕성은 여러 개의 고리를 가지고 있어. 고리가 얇고 옅은 먼지로 이루어져 있어서 자세히 보지 않으면 보이지 않을 거야!"

그때 하몽이 고리 틈으로 또 무언가를 발견한 것 같았어.

"고리 사이로 푸른 점이 하나 보이는데? 보였다 안 보였다 하는 것 같기도 하고."

"저기 작은 점이 바로 지구야!"

"지구라고? 우리 지구가 저렇게 작았단 말이야?"

은하는 미리내의 말을 믿지 못하는 눈치였어. 그때 하몽이 속삭이듯이 내게 말했어.

"네가 봤다고 말한 지구의 바다색도 저런 색이겠지? 지구의 바다가 어떨지 정말 궁금해."

하몽의 말을 듣고 나니, 지구에서 본 바다가 떠올랐어. 초록빛 푸른 바다에 반해 나도 한동안 바다를 떠나지 못했었지.

미리내가 우주선의 방향을 틀자 우리 앞에 명왕성과 비슷하게 생긴 별이 나타났어. 그런데 하나가 아니었어.

"해왕성의 위성은 모두 14개야. 지금 보고 있는 별은 해왕성에서 가장 큰 위성인 트리톤! 명왕성과 크기가 거의 비슷하지."

"와! 굉장하다. 트리톤 표면에 뾰족하게 솟은 건 우리 별에 있는 화산과 비슷해 보여!"

"맞아. 그건 화산이야, 얼음 화산! 트리톤은 태양계에서 가장 차가운 별에 속해. 물과 질소, 이산화 탄소가 얼어붙어 있지."

화산이 있다는 말에 나는 트리톤에 더 흥미가 생겼어. 이곳에서 빵을 구워 먹을 수 없다는 게 아쉬웠지만 말이야.

미리내는 궁금해하는 우리를 위해 공중에 빛을 쏴서 다른 위성도 보여 주었어.

미리내는 정말 재주가 많은 로봇이야. 빛을 이용해서 멀리 있는 천왕성도 아주 가까이서 볼 수 있도록 만들어 주었지.

천왕성과 해왕성은 쌍둥이 같았어. 색깔은 해왕성이 조금 더 짙고, 크기는 천왕성이 조금 더 컸어.

"천왕성은 태양계에서 세 번째로 큰 행성이야. 천왕성에 지구를 나란히 늘어놓으면 네 개나 들어갈 거야."

"헉! 천왕성도 엄청 크네!"

은하도 천왕성의 크기에 놀란 것 같았어.

"태양계에 있는 별들은 모두 태양 주변을 돌거나 행성을 따라 돌아. 그걸 공전이라고 해. 그런데 공전을 하면서 별이 스스로 돌기도 하거든. 그게 바로 자전이야. 천왕성은 태양 쪽으로 거의 누워 있어서 여름에는 항상 태양이 떠 있고, 겨울에는 태양이 뜨지 않아."

별이 스스로 빙빙 도는 것을 자전이라고 하고, 그 회전축을 자전축이라고 해!

내 모습 어때? 꼭 발레리나 같지?

나 천왕성은 누워서 도는 게 더 편해.

"미리내, 지구에서도 비슷한 현상이 나타난다던데……."
오래전 지구 여행 때 언뜻 들었던 기억이 나서 물어봤어.
"맞아. 지구에도 북극이나 남극처럼 6개월 동안 밤이나 낮이 이어지는 곳이 있어. 하지만 천왕성은 적도를 제외한 대부분의 지역에서 낮과 밤이 지속돼. 무려 42년 동안이나!"
"우와! 42년이라고?"
겨울이면 나도 게을러져 점심 무렵까지 내 머리는 늘 침대 머리맡을 향하고 있었어. 천왕성이 태양 쪽으로 기울어

져 있는 것처럼 말이야.

천왕성은 정말 아름답지만, 아무래도 난 천왕성에서는 살 수 없을 거야. 노을을 포기할 수 없거든.

미리내가 나의 마음을 눈치챘는지 한 마디 덧붙였어.

"아! 천왕성의 봄과 가을에는 8시간 30분마다 해가 뜨고 지는 것을 볼 수 있어. 극 지역만 빼고."

미리내는 무척 다정하고 친절해. 나와 하몽이 궁금한 것을 항상 먼저 알려 주고, 우리의 마음도 잘 알아 주거든.

우리 별에도 미리내 같은 로봇이 있으면 좋겠어. 궁금한 게 있을 때마다 뭐든 척척 다 알려 주는 친구가 있으면 정말 좋을 것 같아.

예쁜 이름 티타니아

미리내의 설명을 들으니 천왕성의 고리가 잘 보이지 않는 게 이해가 됐어. 아마 우리 별도 태양계에서는 작고 어두워서 잘 보이지 않을 거야. 하지만 크고 잘 보이는 게 다는 아니야. 크기와 밝기에 상관없이 별은 다 빛나니까!

"애들아, 저기 좀 봐. 별 하나가 사라지고 있어!"

은하가 다급하게 외쳤어.

"저건 고리 뒤로 별이 가려지는 현상이야. 천왕성의 고리 뒤로 별이 숨는 거지."

"미리내, 그게 무슨 말이야? 별이 숨는다고?"

"응. 눈으로는 잘 안 보이지만, 지금 저 별 앞에는 천왕성 고리가 있어."

"오! 이런 광경을 실제로 보게 되다니 감동이야!"

은하는 믿을 수 없다는 표정을 지었어.

"와! 대단하다. 하몽과 나도 매우 특별한 장면을 본 거네?"

은하 덕분에 아주 귀한 장면을 본 것 같아 나도 기분이 좋았어.

"잠깐만. 저기 고리 사이에 작은 별이 있어. 혹시 위성?"

하몽이 물었어.

"이제 하몽도 제법인데? 천왕성의 위성은 모두 27개야. 제일 밝게 보이는 별이 천왕성의 가장 큰 위성인 티타니아야. 티타니아는 태양계 위성 중 8번째로 크기가 커."

"미리내, 티타니아는 셰익스피어의 『한여름밤의 꿈』에 나오는 여왕 아니야? 나 그 책 읽었는데……."

은하가 셰익스피어를 안다는 것에 솔직히 놀랐어. 과학에 워낙 관심이 많은 아이라 문학에도 관심이 있는 줄은 몰랐거든.

"맞아. 천왕성 위성의 이름은 셰익스피어와 알렉산더 포프의 문학 작품에서 따온 게 많아."

지구인들은 별 이름을 예쁘게 짓는 것 같아. 우리 별에도 예쁜 이름을 지어 주고 싶다는 생각이 들었어. 하몽과 나 둘 다 좋아할 이름으로 말이야. 어떤 이름이 좋을까?

은하의 과학 뽐내기

보이저 1, 2호의 활약

1977년에 나사(미국항공우주국, NASA)는 보이저 행성 탐사 계획을 세웠어. 보이저 1호는 목성과 토성을 탐사하고, 보이저 2호는 천왕성과 해왕성까지 탐사하는 것이 목표였지. 우리가 천왕성과 해왕성을 더 자세히 알게 된 것도 보이저 2호 덕분이야.

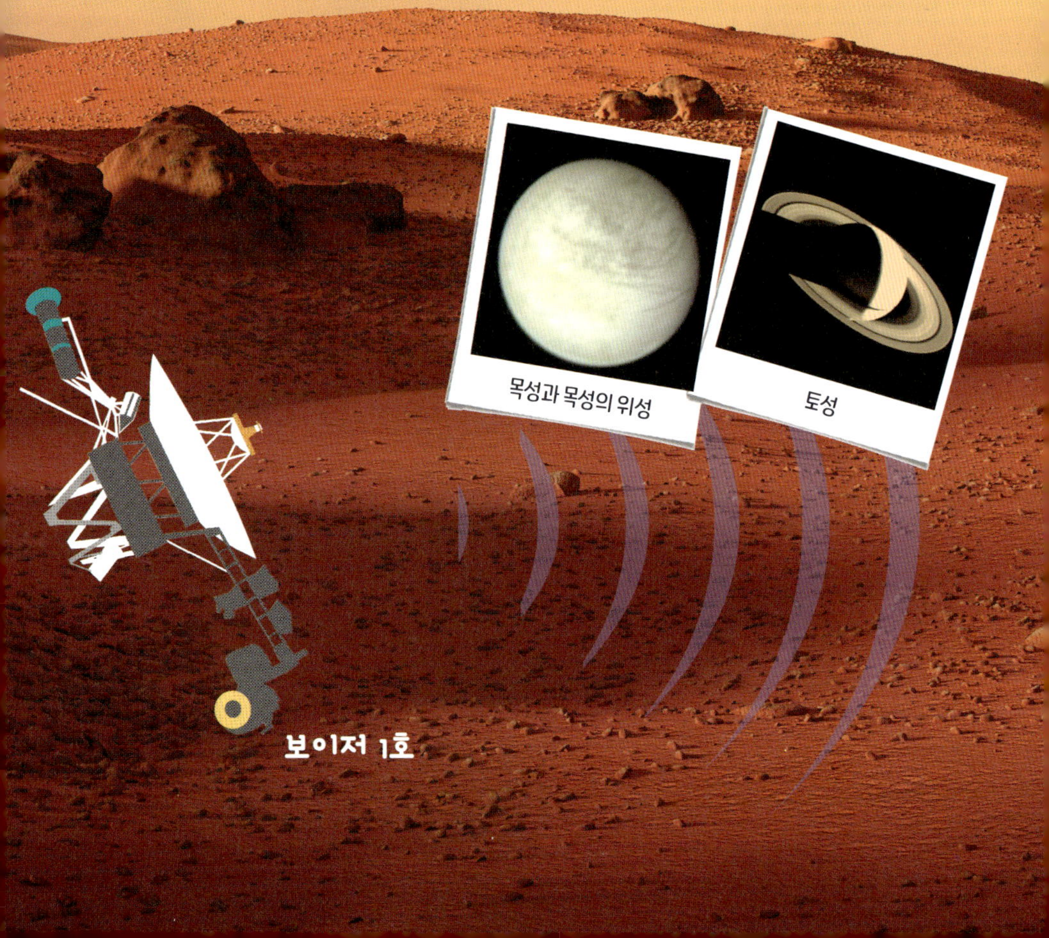

목성과 목성의 위성

토성

보이저 1호

행성은 태양을 중심으로 공전하기 때문에 서로 가까워지기도 하고 멀어지기도 해. 1977년부터 1989년까지 12년 동안은 목성, 토성, 천왕성, 해왕성이 나란히 있던 때였어. 나사는 지구와 목성이 서로 가까이 접근하는 1977년에 보이저를 발사했지. 도착 시기는 두 행성이 최대한 가까워지는 때였고.

만일 나사가 1977년과 1989년 사이의 시기를 놓쳤다면, 180년을 더 기다려야 각 행성이 가까이 접근하는 때를 맞출 수 있었을 거야.

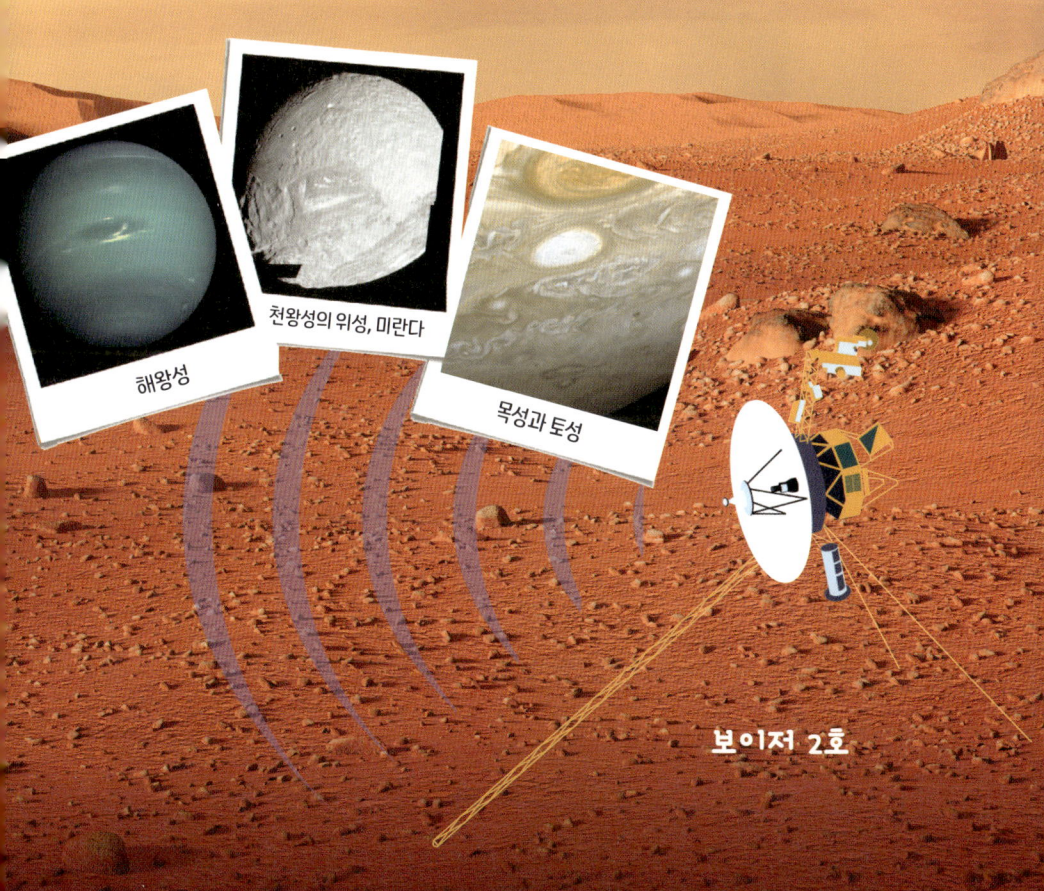

해왕성

천왕성의 위성, 미란다

목성과 토성

보이저 2호

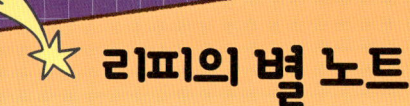 

리피의 별 노트

천왕성

이름의 유래: 그리스신 우라누스
지위: 행성
발견일: 1781년 3월 13일
발견자: 윌리엄 허셜
평균 지름: 5만 724킬로미터
질량: 지구의 14.536배
평균 기온: 영하 195도
공전 주기: 84.0205년

자전 주기: 17시간 14분 24초
위성: 27개
태양에서 가장 가까울 때의 거리:
27억 4,130만 킬로미터
태양에서 가장 멀 때의 거리:
30억 1,360만 킬로미터

- 정밀 관측을 통해 찾아낸 첫 번째 행
- 얼음 행성
- 자전축이 공전 궤도면에 거의 누워

엄청 커!

천왕성 멋져!

해왕성

- 이름의 유래: 로마신 넵투누스
- 지위: 행성
- 발견일: 1846년 9월 23일
- 발견자: 위르뱅 르베리에(계산),
  요한 갈레(관측)
- 평균 지름: 4만 9,244킬로미터
- 질량: 지구의 17.147배
- 평균 기온: 영하 200도
- 공전 주기: 164.8년

- 자전 주기: 16시간 6분 36초
- 위성: 14개
- 태양에서 가장 가까울 때의 거리: 44억 4,450만 킬로미터
- 태양에서 가장 멀 때의 거리: 45억 4,570만 킬로미터

- 궤도 계산을 통해 발견한 첫 번째 행성
- 얼음 행성
- 평균 온도가 가장 낮은 행성

반짝반짝 빛나는 해왕성!

세상에서 가장 아름다운 별은?

토성의 틈과 고리 속으로!

우리 별 B-612 꿈을 꾸었어. 그러고 보니 우리가 여행을 떠난 지도 어느덧 3년이 되어 가네. 화산과 장미 정원은 잘 있을까?

"잠시 뒤면 토성 궤도에 진입할 거야. 리피는 꿈을 꾸는 것 같던데? '노을이, 노을이…' 하며 소리치더라고."

"응, 미리내. 꿈에서 하몽과 노을을 보고 있는데, 하늘에 떠 있던 어떤 별이 점점 커졌어. 그러더니 우리 쪽으로 날아오는 거야. 별이 우리 별로 떨어질 때 잠에서 깼지."

"리피, 나도 우리 별 꿈을 꿨는데."

하몽도 우리 별 꿈을 꾸었다고 했어. 나처럼 우리 별이 그리운가 봐!

"꿈 이야기는 그만하고 저기 좀 봐. 토성이 보이기 시작해. 누가 뭐래도 토성은 태양계에서 가장 아름다운 행성이야."

"난 지금껏 내가 키우고 있는 장미가 세상에서 가장 아름답다고 생각했어. 그런데… 인정하기는 싫지만, 토성의 고리가 내 장미보다 훨씬 아름다워."

하몽도 믿을 수 없다는 표정으로 토성을 바라보았어.

"토성의 고리는 굉장히 넓고, 두께는 아주 가늘어. 그리고 햇빛을 잘 반사하는 작은 얼음 알갱이로 이루어져 있어 매우 밝고 선명하지."

"가느다란 고리가 여러 개 보여, 미리내!"

처음에는 토성 고리가 하나의 덩어리인 줄 알았는데, 자세히 보니 은하 말대로 가는 고리가 겹겹이 이어져 있었어.

"두 개의 고리는 또렷이 보이는데?"

하몽이 미리내의 설명을 못 기다리겠다는 듯이 끼어들며 물었어.

"맞아. 저 두 개의 고리가 대표적이야. 두 고리의 길이만 해도 5만 킬로미터가 넘어."

"저 고리가 천왕성이나 해왕성의 지름과 맞먹는다고?"

은하는 크고 작은 얼음 알갱이가 햇빛에 반사되어 영롱하게 빛나는 모습을 직접 보면서도 믿을 수 없다는 듯 계속 감탄했어.

"와, 정말 신기해. 저렇게 작은 얼음 알갱이들이 아름다

운 고리를 만들고 있다니! 보석 같아."

"두 고리 사이에 검게 보이는 고리는 뭐야?"

그러고보니 은하의 말처럼 고리와 고리 사이를 돌고 있는 또 다른 띠가 보였어.

"그건 고리가 아니야. 두 고리 사이에 있는 틈이지. 고리를 구성하는 얼음 알갱이가 없어서 검게 보이는 거야. 1675년에 이탈리아의 천문학자 카시니가 처음 발견해서 '카시니 틈'이라고 불러."

"미리내, 우리 그 틈으로 들어가 보자! 빨리 빨리!"

은하는 또 빨리 빨리를 외치며 미리내를 졸랐어.

"알았어. 꽉 잡아! 토성 고리 속으로 들어갈 테니까."

우주선이 토성 고리의 반짝이는 얼음 알갱이 사이를 이리저리 피하나 싶더니 어느새 어둠에서 벗어났어.

"와! 토성을 돌고 있는 별이 정말 많네? 혹시 토성의 위성들?"

이제 나도 위성 정도는 구분할 수 있을 것 같았어.

"맞아, 토성은 80개가 넘는 위성을 거느리고 있어. 마치 하나의 거대한 별 세계처럼 말이야."

"저 별도 위성이야? 명왕성보다 훨씬 커 보이는데?"

은하도 토성의 위성은 처음 보는 것 같았어.

"저건 토성의 위성 타이탄이야. 토성의 위성 중 가장 크지. 명왕성보다 두 배는 클걸?"

"내가 생각했던 것보다 더 크네! 그런데 이상해. 타이탄이 뿌옇게 보여. 너희들도 그러니?"

은하가 고개를 갸우뚱거리며 말했어. 나는 오랫동안 여행한 탓에 피곤해서 타이탄이 아른아른 보인다고 생각했어. 그런데 은하에게도 그렇게 보였나 봐.

미리내는 타이탄에도 지구처럼 대기가 있다고 했어. 질소로 이루어진 두터운 대기가 타이탄을 감싸고 있어서 뿌옇게 보이는 거라고 했지.

"미리내, 혹시 저거 바다 아니야?"

갑자기 하몽이 타이탄 위쪽에 짙은 색으로 보이는 것을 가리키며 이야기했어.

"오! 하몽, 대단한 걸. 타이탄에는 바다뿐만 아니라 호수와 강도 있어. 그런데 물은 아니야. 메테인이나 에테인 같은 물질이 액체 상태로 있는 거야."

"미리내, 타이탄 표면에 내려가서 직접 보자! 어때?"

"음… 그런데 은하야, 타이탄은 대기가 두텁고 대기압도 높아. 자칫 잘못하면 우주선이 밖으로 튕겨 나가거나 압력을 견디지 못해 파손될 수 있어."

"조금만 늦었어도 큰일날 뻔했어."

미리내가 저렇게 다급해하는 모습은 처음 봤어.

"여기서 이대로 돌아가야 하다니! 난 타이탄에 착륙했던 하위헌스 호가 보내온 타이탄 표면의 자갈과 얼음 사진을 아직도 잊을 수 없어. 내 눈으로 꼭 확인하고 싶었는데……. 언젠가는 또 올 수 있겠지?"

은하의 눈에 아쉬움이 가득했어. 은하가 타이탄에 얼마나 오고 싶어 했는지 느낄 수 있었어. 은하의 별을 사랑하는 마음은 누구보다 큰 것 같아.

"미리내, 우리 이제 어디로 가는 거야?"

하몽은 이곳을 빨리 벗어나고 싶은 듯 물었어.

"거대 가스 행성이 하나 더 있어서 둘러볼까 해."

"아! 태양계에서 가장 큰 행성, 목성에 가려는 거구나?"

"은하는 이젠 제법 우주 박사 같은걸! 역시 나와 함께 태양계 공부를 한 효과가 있어!"

"하하! 고마워. 참, 목성은 여기서 얼마나 멀리 있어? 또 한참 가야 하는 거야? 또 잠들긴 싫은데."

"토성에서 목성까지 가장 가까울 때의 거리가 약 7억 5,000만 킬로미터야. 우리 우주선으로는 6개월 정도 걸려."

"난 6개월 정도면 참을 수 있어. 자지 않고 여행하면 안 돼? 제발, 미리내."

하몽도 자기 싫다고 보채는 어린아이처럼 졸랐어.

"그랬다간 먹을 게 다 떨어져서 굶어야 해. 나머지 행성들을 모두 여행하려면 식량을 아껴야 한다고!"

잠을 자지 않고 모든 행성을 다 볼 수 있는 방법이 없을까 생각하고 있는데 갑자기 은하가 크게 소리쳤어.

"참, 목성 탐사선 주노가 있잖아!"

"역시 은하는 똑똑해. 나도 미처 생각하지 못 했는데. 목성 여행은 주노의 위성 영상으로 대체하자!"

붉은 눈동자의 정체는?

　은하와 미리내가 타고 온 우주선은 목성의 궤도 탐사선 주노와 교신을 할 수 있도록 설계되었다고 했어. 미리내는 복잡한 기계를 만지더니 40분 후에 주노가 보내온 영상을 볼 수 있다고 말했어.
　"40분 후라고? 왜 40분이나 기다려야 해?"
　"리피, 아까 내가 목성까지 7억 5,000만 킬로미터 떨어져 있다고 했지? 그래서 전파가 전송되는 데 40분 정도 걸리는 거야."
　미리내는 또 머리 아픈 숫자 이야기를 했어. 하지만 이제 나도 어려운 숫자 이야기에 익숙해진 것 같아. 아마도 은하와 미리내에게 길들여졌나 봐. 하몽과 내가 서로 길들여진 것처럼 말이야.

"사진이 도착했어!"

은하가 화면을 보면서 큰소리로 외쳤어.

"지금은 주노가 목성의 남극 부근을 보여 주고 있어. 구불구불한 무늬와 둥글고 작은 점들 보이지?"

"그림처럼 예쁘네! 저 위에 우리 별에 사는 꽃과 나비를 그려 넣으면 더 예쁠 것 같아."

하몽은 정원에 물을 주고 나서 늘 그림을 그렸어. 가끔 내 얼굴도 그려 주었지. 하몽은 이번 여행 중에도 틈만 나면 별들을 그렸어. 아마도 하몽은 이번 여행을 끝내고 돌아가면 한동안 우주의 풍경만 그릴 모양이야.

"지금 보이는 짙은 색의 점은 남극에서 몰아치고 있는 거대한 폭풍이야. 큰 폭풍은 지름이 1,000킬로미터나 돼."

"1,000킬로미터라고? 만약 지구에서 분다면 작은 섬쯤은 다 삼키고도 남겠네?"

은하가 놀란 듯 눈을 크게 뜨면서 말했어.

"그 정도 위력이지. 이제 주노가 목성의 적도 부근을 보여 줄 거야."

미리내가 말을 마치자마자 목성의 적도 사진이 보였어. 자세히 보니 적도를 중심으로 위아래에 갈색 고리와 흰색 고리가 서로 다른 방향으로 돌고 있었어.

은하의 과학 뽐내기

가스로 된 행성이 있다고?

태양의 다섯 번째와 여섯 번째 궤도를 돌고 있는 목성과 토성을 가스 행성이라고 해. 목성과 토성이 주로 수소와 헬륨 기체로 이루어져 있어서 가스 행성이라고 부르는 거야.

가스 행성에는 수소와 헬륨으로 이루어진 거대한 대기가 있어. 대기 바깥에는 암모니아, 메테인, 황화수소 등으로 이루어진 구름층이 있지. 그런데 가스 행성이 기체로만 이루어진 것은 아니야. 대기층 안쪽으로 내려가면 액체로 변한 수소와 헬륨이 있거든.

목성의 내부 구조

갈릴레이의 별들

"은하야, 그게 뭐야?"

"할아버지께서 생일 선물로 사 주신 망원경이야. 이걸로 보면 목성의 줄무늬와 위성을 또렷하게 볼 수 있어."

"와, 좋겠다. 나도 망원경이 있으면 좋을 텐데."

"하하! 리피, 지구에 가면 할아버지께 부탁드려서 선물로 줄게. 아, 하몽에게도 줘야지."

"정말? 신난다!"

"리피, 목성 옆으로 밝게 빛나는 별 보이지?"

"응. 4개가 보이는데?"

"4개의 위성은 모두 목성의 위성이야. 1610년에 갈릴레이가 망원경을 사용해서 처음 발견했어. 그래서 '갈릴레이 위성'이라고 불러."

은하의 망원경으로 보니 목성의 위성이 더 또렷하게 보였어.

"미리내, 가니메데가 가장 큰 위성 맞지? 할아버지가 알려 주셨어. 두 번째로 큰 건 뭐더라? 아, 맞다, 칼리스토!"

은하는 신나서 별 이야기를 계속했어.

"세 번째로 큰 건 이오, 가장 작은 건 유로파! 목성의 위성은 현재까지 공식적으로 인정된 것만 79개야."

은하는 정말 별에 관심이 많아 보였어. 알고 있는 것도 많고, 더 알고 싶어 하고. 은하 같은 멋진 지구인 친구를 알게 되어서 정말 기뻐. 은하는 나에게 모든 지구인들이 다 똑같지 않다는 걸 알게 해 준 친구야.

"토성만큼 목성도 위성이 많네? 작고 예쁘고 바다가 있는 위성도 있을까?"

하몽은 또 바다 이야기를 꺼냈어.

"목성의 위성 유로파에는 두꺼운 얼음층 아래에 바다가 있다고 해. 표면의 평균 온도는 영하 170도 정도로 차가워서 물이 얼음 상태로 있어. 하지만 내부는 온도가 높아 액체 상태로 존재하지!"

"그럼 유로파 바다 깊숙한 곳에 생명체가 살고 있을 수도 있겠네? 상상만 해도 멋진걸?"

나는 하몽이 수줍음이 많고 소극적인 줄만 알았는데, 이번 여행을 통해 다시 보게 되었어. 우리별에 돌아가면 하몽과 여행도 많이 다니고 더 많은 걸 함께하고 싶어.

은하의 과학 뽐내기

토성의 고리

    토성의 고리는 먼지에서부터 바윗덩어리까지 다양한 크기의 얼음 알갱이로 이루어져 있어. 물론 우리가 먹을 수 있는 얼음은 아니야. 먼지나 흙, 돌가루가 섞여 있으니까.

    토성의 고리는 우주 탐사선 덕분에 더 잘 알게 되었어. 토성의 고리가 수천 개의 가느다란 고리들로 이루어져 있고, 얼마나 밝고 선명한지도 알게 되었지.

토성의 고리

리피의 별 노트

토성

이름의 유래: 로마신 사투르누스

지위: 행성

발견일: 모름.

발견자: 모름.

평균 지름: 11만 6,464킬로미터

질량: 지구의 95.159배

평균 기온: 영하 140도

공전 주기: 29.4571년

자전 주기: 10시간 33분 38초

위성: 82개

태양에서 가장 가까울 때의 거리: 13억 5,255만 킬로미터

태양에서 가장 멀 때의 거리: 15억 1,450만 킬로미터

고리: 있음.

- 가스 행성
- 가장 화려하고 아름다운 고리
- 물보다 가벼운 비중

목성

이름의 유래: 로마신 주피터

지위: 행성

발견일: 모름.

발견자: 모름.

평균 지름: 13만 9,822킬로미터

질량: 지구의 317.8배

평균 기온: 영하 110도

공전 주기: 11.862년

자전 주기: 9시간 55분 30초

위성: 79개

태양에서 가장 가까울 때의 거리: 7억 4,052만 킬로미터

태양에서 가장 멀 때의 거리: 8억 1,662만 킬로미터

고리: 있음.

- 가스 행성
- 태양계에서 가장 큰 행성
- 하루의 길이가 가장 짧은 행성

표면의 무늬가 정말 아름다워!

푸른 노을이 지는 곳

하루에 1,440번

"미리내, 이제 우리는 어떻게 해야 해?"
"태양풍을 피해 궤도를 변경해야 해."
"궤도를 변경하면 어떻게 되는 거야?"
바짝 긴장하고 있던 은하가 미리내에게 물었어.
"지금 궤도를 변경하면 도착할 수 있는 곳은 화성밖에 없어. 막 화성 옆을 지나는 중이거든."

미리내의 말을 듣고 있는데 멀리 붉은 빛을 띤 별이 보였어. 저 별이 미리내가 말하는 화성 같았어.

그 별을 보니 예전에 여행했던 별에서 만난 등지기 아저씨가 생각났어. 아저씨의 등은 마치 어두운 밤을 밝히는 가로등 같았지.

설마 화성에도 1분에 한 번씩 불을 켰다 껐다 하는 등지기 아저씨가 있는 건 아니겠지? 그럼 정말 슬플 것 같아. 24시간 동안 1,440번이나 해가 지는 축복을 받은 별에서 쉬지 않고 일을 해야 하니 말이야.

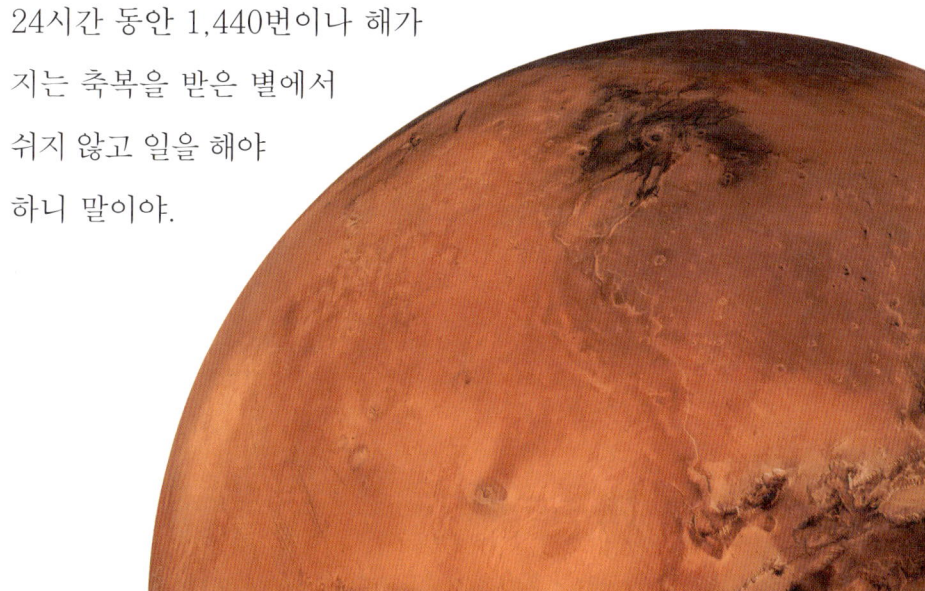

"솔직히 화성은 다시 오고 싶지 않았는데……."

은하는 화성이 처음이 아닌가 봐. 화성에서 안 좋은 일이라도 있었던 것 같았어.

"무슨 일이 있었어?"

하몽이 궁금했는지 은하에게 물었어.

"나의 첫 우주 여행 장소가 화성이었어. 지구에서 가까운 곳이고, 지구와 닮은 점도 많으니까. 그런데……."

"모래 폭풍을 생각하는 거니?"

은하가 말하려는데 미리내가 슬쩍 끼어들었어.

"맞아. 지금 생각해도 끔찍해!"

은하가 고개를 좌우로 흔들며 말했어.

은하가 화성에 도착한 지 3일째 되던 날, 모래 폭풍이 몰아쳤다고 했어. 한 시간쯤 지나 '쾅' 하는 소리를 듣고 은하의 로봇 친구 까사가 집 밖으로 나갔는데, 그 뒤로 까사를 다시는 볼 수 없었다고 했어.

"까사가 누구야?"

나는 까사가 누군지 궁금했어.

"화성에 한 달 정도 머물 생각으로 화성 기지를 지을 인공지능 로봇을 데려왔는데, 그게 바로 까사야. 까사도 미리내처럼 우리 할아버지가 만드셨어. 근데 모래 폭풍으로 그만……."

결국 은하는 눈물을 왈칵 쏟았어. 난 까사에 대해 더 물어보고 싶었지만 참았어. 친구를 잃은 마음이 어떤지 알 것 같았거든.

잠시 뒤 은하는 기운을 차리고 말을 이었어.
　"화성에 먼저 온 지구인들 덕분에 슬픔을 이겨 낼 수 있었어."
　"너희 말고 다른 지구인들도 있었다고?"
　난 지구인들이 우주에 관심이 많은지 몰랐어. 생명에 대한 관심이 큰지는 더더욱 몰랐고. 어쩌면 우리 별에도 오고 싶어 할 수 있겠다 생각했지.
　"응. 생명체의 흔적을 찾으려는 과학자들이 와 있었어. 그런데 모래 폭풍으로 기지가 파괴되어 모두 지구로 돌아갔고, 우리는 그 길로 다시 여행을 떠난 거야."
　화성은 지구의 하루와 시간이 비슷하다고 했어. 지구처럼 봄, 여름, 가을, 겨울도 있다고 했어.
　"와! 그럼 지구인은 화성에서도 살 수 있는 거야?"

"아직 생명체가 살 수 있는 건 아니야. 지금은 액체 상태의 물이 없는데 옛날에는 물이 있었다고 해. 어쩌면 그때는 우리가 발견하지 못한 생명체가 있었을지도 모르지."

은하와 이야기하는 동안 우리 우주선은 화성에 착륙했어.

"여기 어때? 며칠 지내기는 괜찮을 거야. 모래 폭풍만 불지 않는다면 말이지."

은하는 기지를 보자마자 기분이 좋아진 것 같았어. 까사가 지어 놓은 화성 기지는 지붕이 동그랗고 방 높이가 높아서 마음에 들었어. 꼭 하얀 버섯 같았어.

"리피, 배고프지 않니? 여긴 튜브 음식 말고도 먹을 게 많아. 빵도 있고!"

은하가 진공 포장된 빵을 내오면서 말했어.

"와! 얼마 만에 먹는 빵이야!"

오랜만에 맛 본 빵맛은 최고였어. 게다가 화성에서 먹는 빵이라니!

본격적인 화성 탐사의 시작!

"우선 그동안 화성에서 어떤 일이 있었는지 알아봐야겠어. 탐사차가 우리가 타고 다닐 만한지도."

미리내가 네모난 기계를 작동시키자 복잡한 글자와 숫자가 나타났어.

"얘들아, 탐사차가 정상 작동중이야!"

"야호, 드디어 화성 여행 시작이네."

미리내의 말에 은하와 하몽도 신이 나서 펄쩍 펄쩍 뛰었어. 나도 붉은빛의 화성을 빨리 돌아보고 싶었어.

다음 날 아침, 눈을 뜨자 푸르스름한 대기를 뚫고 해가 뜨고 있었어. 우리는 모두 우주복을 입고 밖으로 뛰어나갔지.

"오늘 여행할 곳은 올림푸스 몬스 화산이야! 화성에서 가장 높은 산이자 태양계에서는 베스타에 있는 레아실비아 다음으로 높은 곳이야. 22킬로미터에 달하지."

미리내가 말하는 숫자가 잘 와닿지는 않았지만 내 눈 앞에 있는 올림푸스 몬스 화산은 정말 높았어. 우리 별에 있는 화산은 한걸음에도 올라갈 수 있는 높이였는데 말이야.

우리는 탐사차를 타고 주변을 돌아봤어.

"올림푸스 몬스 화산 근처에도 산들이 많네?"
"응. 타르시스라고 불리는 산맥이 있어. 올림푸스 몬스 화산보다는 높지 않지만 태양계에서는 높은 편에 속해."

올림푸스 몬스 화산은 지구에서 가장 높은 에베레스트산보다도 2.5배나 더 높아.

미리내는 올림푸스 몬스 화산을 내려다본 사진을 보여 주었어. 일부가 구름에 가려진 올림푸스 몬스 화산과 아래쪽으로 비스듬히 늘어선 세 개의 화산이 보였어.

우와! 높아서 꼭대기가 잘 보이지도 않아!

편히 쉬기를

　벌써 화성에서의 셋째 날이야. 오늘은 햇살이 아주 좋아, 바람도 없고. 우주복을 벗어도 괜찮을 것 같은 기분이 들었어.
　"미리내, 오늘은 어디로 여행할 거니?"
　"리피, 오늘 갈 곳은 메르디아니 평원이야. 이곳에 지구에서 보냈던 나사의 탐사 로봇 오퍼튜니티가 착륙했었어. 오퍼튜니티는 총 42.16킬로미터를 이동했어. 그동안 화성에 물이 있을 가능성을 보여 주는 수많은 사진과 데이터를 지구로 보내 주는 일을 했지."
　"와! 대단해! 오퍼튜니티는 지금도 활동하고 있는 거야?"
　하몽은 곧 오퍼튜니티를 만날 것처럼 신나서 물어봤어.
　"오퍼튜니티는 원래 90일 정도 탐사할 것으로 예상했어. 그런데 예상보다 훨씬 오래 활동했어. 2018년 최악의 모래 폭풍이 있기 전까지 무려 15년 동안이나 계속 활동했지."
　"지금은 어떻게 됐어?"
　"모래 폭풍이 불자 나사는 오퍼튜니티를 겨울잠에 들게 했어. 그 뒤로 오퍼튜니티와는 통신이 되지 않고 있어."

미리내의 모래 폭풍 이야기에 은하는 또 시무룩해졌어.

"은하야, 힘내. 혹시 알아? 모래 속에서 까사를 찾을 수 있을지도 모르잖아!"

하몽은 은하와 미리내를 위로했어. 역시 하몽은 마음이 따뜻한 아이야. 가끔 토라질 때도 있지만, 나는 하몽의 따뜻하고 깊은 마음을 잘 알고 있어.

화성의 평원은 마치 지구의 사막 같았어. 모래보다 먼지가 많아서 걸어 다니기도 쉽지 않았지. 하지만 우리 발자국이 선명하게 남아서 기분이 좋았어.

"미리내, 저 앞에 뭔가 반짝이는 게 있어. 가 보자."

은하가 무언가를 발견한 것 같았어.

"우리가 찾는 오퍼튜니티나 까사일지도 몰라. 스피릿일 수도 있고."

"스피릿은 또 뭐야?"

"하몽, 스피릿은 오퍼튜니티와 비슷한 시기에 화성 탐사 활동을 시작한 탐사 로봇이야. 그런데 오퍼튜니티보다 훨씬 일찍 활동을 멈췄어."

오퍼튜니티 말고도 지구인이 화성에 보낸 탐사 로봇이 더 있었다니 놀라웠어. 어쩌면 지구인이 나보다 별을 더 사랑할지도 모른다는 생각이 들었어.

"아, 스피릿이다! 스피릿은 태양전지판이 있어야 작동할 수 있는데 폭풍에 다 파손되었어. 미리내, 스피릿을 고칠 수 있을까?"

"내가 고쳐주기에도 이미 늦었어……."

미리내와 은하는 어떻게든 스피릿을 살려내고 싶어 했어. 미리내와 은하는 어쩌면 까사를 발견할지도 모른다는 기대를 하고 있었던 것 같았어.

메르디니아 평원에서 돌아온 뒤 우리는 스피릿을 기리는 묵념을 했어. 물론 모래 속에 묻혀 있을 오퍼튜니티와 까사를 위해서도 기도했지. 화성 탐사를 위해 애쓴 친구들이 편히 쉬기를!

푸른 노을

"푸른색 노을도 정말 예뻐. 난 붉은 장미꽃도 좋고 파란 바다도 좋아."

역시 하몽다운 대답이야. 나는 '산란'이라는 말이 어려웠어. 빛이 무언가에 충돌해서 여러 방향으로 흩어지는 거라는데… 화성에서는 붉은 빛이 산란되지 않는다고 했어. 난 하몽처럼 파란 노을도, 붉은 노을도 다 마음에 쏙 들었어.

"미리내, 저 별은 뭐야? 엄청나게 밝게 빛나는데?"

내가 밝게 빛나는 두 별을 가리키며 물었어.

"저건 화성의 위성 포보스와 데이모스야. 화성의 두 위성도 작은 소행성과 생긴 게 비슷해. 모두 울퉁불퉁하지."

"화성은 참 아름다워. 높은 산도 있고, 협곡도 있고, 사막도 있잖아. 예쁜 위성도 두 개나 있고."

내가 은하를 바라보며 말했어.

"맞아, 화성이 더 아름다운 건 생명체가 존재했을지도 모른다는 사실 때문일 거야. 지금 우리 눈에는 그 증거가 보이지 않지만 눈에 보이는 게 다는 아니니까."

은하, 이 아이는 어쩌면 내가 오래전부터 만나고 싶었던 친구일지도 몰라. 내가 지구의 사막을 여행하면서 "사막이 아름다운 건 어딘가에 우물을 숨기고 있어서야."라고 말했었는데, 그 말을 지금 은하가 하고 있어.

은하의 과학 뽐내기

화성은 왜 붉은색일까?

화성은 유난히 붉은색을 띠는 행성이야. 화성이 붉게 보이는 이유는 화성 표면을 덮고 있는 먼지, 모래와 암석에 산화철이 풍부하게 있어서야. 산화철은 사람의 혈액을 붉게 보이게 하는 성분이기도 해.

화성 표면에 산화철이 많은 이유는 아직 확실하게 밝혀지지 않았어. 과학자들은 초창기 화성이 빠르게 식으면서 무거운 철 성분이 화성의 핵으로 충분히 스며들지 못한 것으로 생각하고 있어. 지표면에 남아 있던 철이 물이나 대기에 있는 산소와 결합해서 산화철이 되었다고 해.

자전 주기: 24시간 37분 23초

위성: 2개

태양에서 가장 가까울 때의 거리: 2억 660만 킬로미터

태양에서 가장 멀 때의 거리: 2억 4,920만 킬로미터

- 지구형 행성
- 골디락스 존에 위치한 행성
- 지구와 비슷한 환경을 가진 행성

골디락스

골디락스는 『골디락스와 세 마리 곰』에 나오는 여자아이 이름이야. 너무 지나치지도, 반대로 너무 부족하지도 않은 딱 적당한 상태를 말할 때 '골디락스'라는 이름을 사용하지.

천문학에서 사용하는 '골디락스 존'은 표면이 너무 뜨겁지도, 그렇다고 너무 차갑지도 않아 액체 상태의 물이 존재할 수 있는 곳을 말해. 태양계에서는 지구와 화성이 골디락스 존에 있어.

드디어 지구로!

지구로 가는 게 아니었어?

미리내의 설명을 들으니 이해가 되었어. 하지만 하몽은 무슨 소리인지 잘 모르는 것 같았어. 우리 별에 가면 하몽과 함께 태양계 공부를 해야겠다고 생각했어.

"지금부터 속도를 올려서 금성으로 갈 거야. 너희들은 피곤할 테니까 좀 쉬도록 해."

"금성에는 언제 도착하는 거야?"

"리피, 금성까지는 두 달 정도 걸려."

"그럼 지구까지는?"

하몽의 관심은 온통 지구에 있는 듯했어.

"수성을 거쳐야 하니 지구에 세 달 정도면 도착할 수 있을 거야."

"난 피곤하니까 좀 잘래. 금성에 도착하면 깨워 줘."

지금까지는 안 자겠다고 고집을 피우던 하몽이 웬일인지 순순히 잠을 자겠다고 했어. 아마 오랜 시간 여행하느라 힘들었던 모양이야. 지구까지 얼마 안 남았다고 생각하니 더 빨리 가고 싶은 마음이 들었어.

금성은 눈썹 모양

"리피, 어서 일어나! 저기 금성이 보여!"

하몽의 소리에 잠이 깼어. 내 눈 앞에 보이는 금성은 지금껏 여행하면서 봤던 별과는 모양이 많이 달랐어.

"저게 금성이야? 행성은 둥글게 생겼다고 했는데, 내 눈에는 꼭 눈썹 모양처럼 보여. 저렇게 생긴 별도 있어?"

금성은 한 쪽만 눈썹처럼 밝게 보였어. 그 옆은 잘 보이지 않았고.

"금성은 둥그런 모양이야. 지금은 금성이 태양 빛을 받아 눈썹 모양으로 보이는 거지."

"벌써 금성 가까이 접근했어. 금성은 태양계의 8개 행성 중 대기가 가장 두터운 별이야. 구름도 아주 짙어."

"아! 저 무늬가 구름이야? 토성이나 목성에서 봤던 무늬와 비슷한 것 같기도 하고 아닌 것 같기도 하고."

이제 하몽은 별에 대해 자신감이 생긴 것 같았어. 미리내와 은하가 조금만 설명해 줘도 금방 이해하는 것 같아.

"맞아. 금성의 구름이 만들어 내는 한 폭의 그림이지. 금성은 매우 뜨거워! 평균 온도가 무려 464도나 돼."

"엄청나네. 지구도 온실 효과로 점점 더워진다는데, 금성처럼 뜨거워지면 어떡하지?"

은하는 걱정스러운 표정으로 미리내에게 물었어.

"지금처럼 탄소를 많이 쓰면 지구도 언젠가는 생명체가 살 수 없을 정도로 뜨거워질 거야."

내가 지구를 여행했을 때는 사막이 가장 더웠어. 쉴 수 있는 나무 그늘도 없었고 물도 없었으니까. 다른 곳은 산도 있고 강도 있고 나무도 많아서 사막처럼 덥지는 않았어. 혹시 지구의 온도가 계속 올라가면 사막처럼 변하는 건 아닐까? 그렇게 되는 건 싫은데!

"비라도 내리면 금성이 조금 시원해질 텐데."

하몽이 혼잣말로 중얼거렸어.

"금성에도 비가 내려. 금성의 대기에는 황산 구름이 있는데 이게 비가 되어 내리는 거야."

"황산이라면 쇠도 녹여버리는 무서운 거잖아!"

은하가 말했어.

"황산이 그렇게 무서운 거야? 미리내, 난 금성에는 내리지 않을 거야. 난 그냥 여기에서 구경만 하고 싶어."

이번 여행에서 하몽이 내리지 않겠다고 한 건 처음이야. 금성은 겉은 아주 아름답지만 황산 비가 내린다는 말에 겁을 먹었나 봐!

"하하. 하몽, 너 겁나는구나?"

은하가 하몽의 옆구리를 쿡쿡 찌르며 놀렸어.

"쳇! 아니거든! 나는 그냥 우리가 안전해야 하니까……."

하몽은 얼굴이 벌겋게 달아올랐어.

"에이, 아닌 것 같은데? 괜찮아, 겁 좀 나면 어때. 나도 맨 처음 우주 여행을 할 때는 겁이 많이 났는걸?"

"아니래도!"

그때 우주선 천장에서 액체 방울이 하나 툭 떨어졌어. 저게 뭐지? 설마 황산 구름의 빗방울인가?

"애들아, 잠깐만. 우린 금성에 내리고 싶어도 내릴 수 없어. 금성의 대기압은 지구의 90배가 넘어서 대기를 통과하는 순간 우주선이 납작하게 찌그러질 거야."

미리내의 말에 하몽은 잔뜩 겁을 먹은 것 같았어. 나도 우주선이 찌그러진다는 말에 빨리 금성을 지나가고 싶었어.

"금성을 한 바퀴 돈 다음 수성 쪽으로 향할 거야. 그럼 도착 시간을 줄일 수 있어."

"똑바로 가는 게 더 빠른 거 아니야?"

"은하 말이 맞아. 하지만 지금은 금성의 중력을 이용해 우주선의 속도를 높이는 게 중요해. 그래야 더 빨리 우주선이 움직일 수 있거든. 우주선이 행성 가까이 가면 중력의 영향으로 속도가 빨라져. 그 중력을 잠깐 빌리는 거야."

수성은 내장 비만?

멀리서 불덩이 같이 타오르는 커다란 별이 하나 보였어. 눈이 부셔 똑바로 쳐다보기도 힘들었지.

"우린 곧 수성 옆을 통과할 거야. 하지만 태양이 워낙 크고 밝아서 수성이 제대로 보이지 않을 수도 있어."

내가 본 건 수성이 아니라 태양이었어. 어쩐지 너무 크고 밝다고 생각했어.

얼마 지나지 않아 수성이 보였어.

"수성은 태양계 행성 중에서 크기가 가장 작지만 무거운 행성이야. 또 태양에 바짝 붙어 있어서 대기가 거의 없는 유일한 행성이지."

"작은데 무거우면 뚱뚱한 건가? 하하."

은하가 웃으면서 말했어.

"수성의 핵이 다른 행성보다 훨씬 커서 무거운 거야! 행성의 핵은 대부분 철과 같은 무거운 물질로 이루어져 있거든."

"그럼, 내장 비만인 거네. 하하."

은하는 유쾌해서 항상 분위기를 밝게 만들어. 난 한 번도 농담 같은 건 해보지 않았는데 말이야. 은하처럼 누군가에게 즐거움을 줄 수 있다는 건 큰 재능이야.

"미리내, 수성 표면에 크레이터가 보여!"

하몽이 무얼 발견한 것 같았어.

"너희들, 세레스에서도 크레이터를 본 적이 있지? 수성도 근처에 있던 작은 천체들과 충돌해서 크레이터가 생긴 거야."

"꼭 달을 보는 것 같아."

은하는 지구의 위성인 달에도 크레이터가 있다고 했어.

"맞아. 표면만 보면 달과 아주 비슷해. 심지어 바다처럼 짙은 색을 보이는 곳도 있어."

지구의 위성 달과 수성은 정말 많이 닮았나 봐. 그런데 왜 수성은 행성이고 달은 위성이 된 걸까? 아, 맞다. 태양 주변을 돌면 행성이고, 행성 주변을 돌면 위성이라고 했지! 나도 점점 태양계에 대한 지식이 깊어지는 것 같았어.

"만일 누가 수성과 달 사진을 함께 보여 주면서 어느 게 수성이고 어느 게 달인지 맞혀보라고 하면 쉽게 맞히지 못할 걸?"

미리내가 나와 하몽을 바라보며 말했어.

"아니! 하몽은 관찰력이 뛰어나니 한 번 보면 맞힐 수 있을 거야!"

나는 하몽이 분명 맞힐 거라는 확신이 들었어. 하몽처럼 관찰력이 뛰어난 아이를 본 적이 없으니까.

우리 별에 있을 때였어. 하루는 하몽이 장미에게 물을 주고 오더니 꽃잎에 어제까지만 해도 없던 상처가 났다며 슬퍼했어. 아무리 보아도 내 눈에는 멀쩡해 보였는데 말이야.

또 하루는 하몽이 밤새 그렸다던 장미꽃 그림을 보여 주었어. 미세하게 보이는 꽃잎의 결 하나하나까지 다 곱게 그려져 있었지. 상처가 나 있었다면, 아마 하몽은 상처까지도 그렸을 거야. 그나저나 우리 별 장미들은 잘 지내고 있을지 조금 걱정이 되었어.

드디어 지구로!

"은하야, 너는 꿈이 뭐니?"

"난 우주생물학자가 꿈이야. 할아버지를 보면서 우주에 대한 꿈을 키웠어. 우주를 여행하면서 우리와 닮은 생명체를 찾고 싶어."

"은하의 할아버지는 로켓공학자야. 우리가 타고 온 우주선도, 그리고 나도 할아버지께서 만드셨지. 할아버지도 은하의 꿈을 응원하고 계셔."

"와, 은하의 할아버지 덕분에 우리가 만난 거네?"

은하의 꿈 이야기에 하몽도 신이 난 듯 자신의 꿈 이야기를 했어.

"우주생물학자? 우주에 있는 생물을 연구하는 거야? 멋져! 난 우주의 모든 별에 장미꽃을 심고 가꾸는 게 꿈이야."

하몽의 눈빛이 장미 이야기를 하면서 반짝거렸어. 나는 하몽의 모든 것이 좋지만, 특히 눈빛이 반짝거릴 때가 가장 좋아. 하몽이 무언가를 사랑하고 있다는 뜻이거든.

난 은하가 자신의 꿈을 꼭 이룰 수 있을 거라고 생각했어. 은하는 작고 어리지만 우리와 함께 여행하는 동안 항상 자신감에 차 있었어. 오랜 시간 집을 떠나 있으면서도 두려워하거나 슬퍼하는 모습을 보지 못했거든.

그때 갑자기 '쾅' 하는 소리와 함께 우주선이 부서질 듯 심하게 흔들렸어. 하몽은 갑작스러운 충격에 '꺄아악' 소리를 질렀어. 나도 중심을 잃고 쓰러질 뻔했지.

"이제 곧 지구의 대기권을 통과할 거야. 한동안 우주선이 심하게 흔들리고, 머리도 굉장히 아플 거야. 하지만 걱정하지 않아도 돼. 오래 걸리지 않을 테니까."

"우린 걱정마. 드디어 꿈에 그리던 지구에 도착하는데, 그 정도쯤은 견뎌야지."

하몽은 눈을 질끈 감으며 이야기했어.

하몽이 보고 싶어 하던 바다가 드디어 우리 눈 앞에 나타났어. 지구의 바다는 부드럽고 시원해 보였어.

"아! 정말 아름다워. 혹시 이게 내가 꿈에 그리던 지구의 바다?"

"맞아. 드디어 우리가 지구에 도착한 거야!"

미리내의 말에 우리 셋은 환호성을 질렀어. 특히 하몽은 기뻐 어쩔 줄을 몰라 했어.

"지구는 약 45억 년 전에 태어났어. 처음에는 너무 뜨거워서 아무것도 살 수 없었지. 그러다가 점차 지구가 식으면서 구름이 만들어졌고 비가 내려 지금의 바다가 되었어. 과학자들은 약 38억 년 전쯤 바닷속에 있는 유기물에서 지구 최초의 생명체가 탄생했다고 믿고 있어."

"저 푸른 바닷속에 한 번 들어가 보면 어떨까? 바닷속이 정말 궁금했거든."

"좋아, 하몽. 우리 다 함께 바닷속에 들어가 볼까?"

"야호! 신난다!"

하몽과 은하는 신나서 덩실덩실 춤을 추었어. 나는 설렘 반, 두려움 반이었어. 지금껏 어느 행성을 가더라도 이렇게까지 행성 깊숙이 들어간 적은 없었거든. 나는 마른침을 꿀꺽 삼키고, 두 손을 꼭 쥐었어. 하몽과 은하가 내가 긴장

했다는 걸 알아채지 못하도록 말이야.

"자, 들어간다!"

바닷속은 내가 상상했던 것보다 훨씬 멋졌어. 지구의 바닷속에는 우리 별에서는 보지 못했던 수많은 생명체가 살고 있었지. 모든 별이 지구의 바다처럼 춥지도 않고 뜨겁지도 않다면 얼마나 좋을까? 그랬다면 더 다양하고 풍부한 생명체가 태양계에 살고 있었을 거야.

"내가 여행했던 별 모두 좋았지만, 난 지구가 가장 마음에 들어. 바다가 있으니까."

하몽이 말했어.

"바다는 지구 전체 표면의 3분의 2나 돼. 그래서 지구는 물의 행성이라고도 불리지. 지구를 제외하면 아직까지 액체 상태의 물이 발견된 행성은 없어. 지구는 생명체가 살기에 가장 좋은 별이야."

"지구는 정말 아름다워. 산, 바다, 바람, 구름, 나무와 동물들. 푸르고 포근해."

은하는 지구에 사는 것을 자랑스러워했어. 하몽은 은하와 미리내를 부러워하는 눈빛으로 쳐다봤어. 이러다가 혹시 우리 별에 돌아가지 않겠다고 하면 어떡하나 하는 걱정이 들 정도였지!

"얘들아, 저기 좀 봐."

"어디? 저기 바다 위에 있는 둥글고 노란 거?"

하늘에는 지구의 위성인 달이 밝게 떠 있었어.

"아, 지구에도 위성이 있다고 했었지? 이제 기억난다! 은하야! 지구의 위성 달의 이름은 뭐야?"

"지구의 위성 이름은 그냥 달이야!"

"그냥 '달'이라고? 난 보통 위성을 부르기 쉽게 달이라고 하는 줄 알았는데?"

"네 말이 맞아, 리피."

은하는 지구의 위성인 달에는 따로 이름이 없다고 했어.

"왜 지구인들은 다른 별의 달에는 예쁜 이름을 붙여 주면서 지구의 달에는 이름을 붙여 주지 않은 거야?"

"생각해 보니 그러네. 매우 친숙해서 그런 것 아닐까?"

지구의 위성에 이름이 없다는 게 의외였어. 어쩌면 지구인들이 달에 길들여져 있어서 그런 게 아닐까 생각했지. 생각할수록 지구인들은 흥미로워.

"은하가 말한 것처럼 달은 이름을 가지지는 못했어. 하지만 달의 모양에 따라 부르는 이름이 다 달라."

우리의 이야기를 듣고 있던 미리내가 말했어.

"지금 우리가 보고 있는 달은 보름달이야. 태양 반대편에 있어서 동그랗게 보이는 거지."

"금성의 모양이 변하는 것과 달의 모양이 변하는 게 비슷한 원리인 거지? 맞지?"

하몽이 손으로 무릎을 탁치며 신나서 말했어.

"그래, 맞아. 달은 지구를 약 30일마다 한 바퀴씩 돌아. 이때 태양빛을 받는 부분이 달라지면서 우리 눈에 보이는 달의 모양이 함께 달라지는 거야. 동쪽에서 떠서 한 시간에 15도씩 움직이지."

"달이 태양빛을 받는 면적이 점점 커지면서 초승달이 상현달이 되었다가 보름달이 돼. 보름달이 되고 나면 달이 태양빛을 받는 면적이 다시 작아져."
"그럼 다시 초승달이 되는 거야?"
"아니. 이때는 초승달이라고 부르지 않고 그믐달이라고 불러."
"달에는 이름이 많구나. 초승달, 그믐달, 보름달, 반달, 모두 예쁜 이름이야!"

모두 '달'라요!

초승달 상현달 보름달 하현달 그믐달

안녕, 아름다운 지구

은하와 미리내는 내가 지난 번 지구 여행 때 가 보지 않은 곳으로 하몽과 나를 안내해 주었어. 덕분에 하몽과 나는 화성에서 봤던 매리너 협곡과 비슷한 그랜드캐니언에도 가고, 지구에서 가장 높은 에베레스트 산에도 다녀왔어.

지구의 허파라고 불리는 아마존 밀림은 정말 대단했어. 지구에서 가장 넓고 가장 다양한 생물이 여기에 산다고 하더라고. 아마존에 사는 식물이 만들어 내는 산소가 지구에서 만들어지는 총 산소의 3분의 1이나 된다고 했어.

우리는 펭귄의 나라 남극에도 다녀왔어. 남극은 듣던 대로 정말 추웠어. 일 년 내내 얼음으로 덮여 있는 곳이라 그런가 봐. 우리는 우연히 한 펭귄의 초대를 받아 펭귄의 집에 며칠 머물면서 남극의 재미난 이야기도 들었어.

하몽은 지구에서 만난 낯선 모든 것에 관심을 보였어. 지구의 장미에게도 말이야.

예전에 나 혼자 떠났던 첫 번째 지구 여행에서는 주변을 둘러볼 마음이 전혀 없었어. 아마도 그곳에서 만난 일부 사람들 때문이었나 봐.

 은하를 보면서, 그리고 지구 여행을 하면서 생각이 바뀌었어. 내가 지구인들을 제대로 만나 보지도 않고 성급하게 판단했다는 생각이 들었지.

 지구 여행이 신나고 즐거울수록 나는 우리 별이 생각났어. 우리 별을 오랫동안 돌보지 않은 게 마음에 걸렸어. 화산재도 치워 주고, 바오밥 나무의 뿌리도 뽑아야 하고, 장미 정원도 가꿔야 하는데 말이야.

"하몽, 이제 우리 별로 돌아가야 할 때가 된 것 같아."

내 말에 하몽은 깜짝 놀란 얼굴로 쳐다봤어.

"벌써 가려고? 아직 가 보지 못한 곳도 많잖아."

은하와 미리내는 우리가 지구에 더 머물기를 바랐어.

"맞아, 나도 지구에 더 있고 싶어."

특히 하몽은 지구가 아주 마음에 들었는지 가기 싫은 눈치였어.

"난 너희들을 만나서 정말 기뻐. 우리 별에서 노을을 보고 화산을 치우며 살던 나에게 새로운 눈을 뜨게 해 주었으니까."

"아! 그리고 보니 내 장미들이 어떻게 지내는지 걱정되네! 나도 너와 미리내 덕분에 멋진 우주 여행을 할 수 있었어. 그리고 리피…, 정말 고마워. 매번 툴툴대고 요구하는 것도 많은 나를 묵묵히 챙겨 주어서."

하몽이 내게 그런 마음을 갖고 있다는 건 생각도 못했어. 이렇게 직접 마음을 표현한 적이 없었거든.

"하하! 어쨌든 그게 다 내 덕이라는 거지? 그럼 지구에 더 머무는 게 어때? 나를 위해서 말이야!"

은하는 정말 못 말려!

"아, 그리고 이 말은 꼭 하고 싶었어."

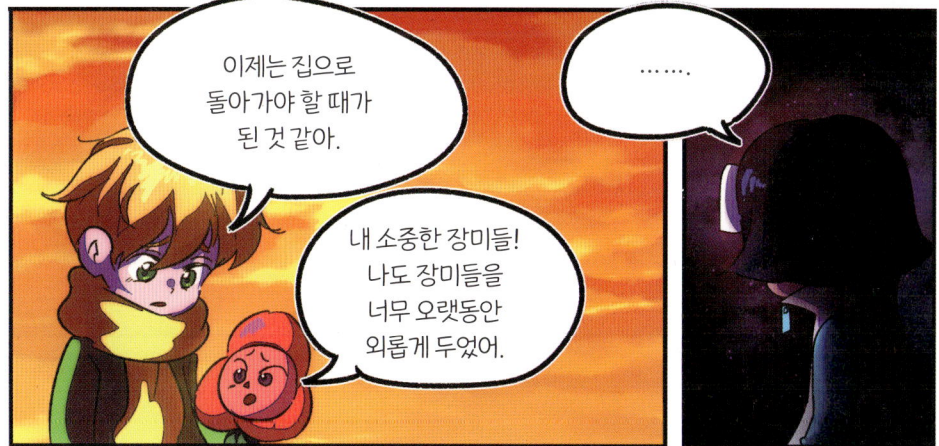

지구에서는 노을이 붉게 지고 있었어. 마치 우리의 우주 여행 마무리를 축하하듯이 붉은빛으로 온 하늘을 물들였지. 아마도 우리 별에 돌아가 노을을 볼 때마다 지구에서 본 노을이 생각날 거야. 그리고 지구인 은하와 미리내도!

은하와 미리내와 다시 만날 날을 기대하며, 우리는 따스하게 서로를 안아 주었어. 정말 따스하게 말이야!

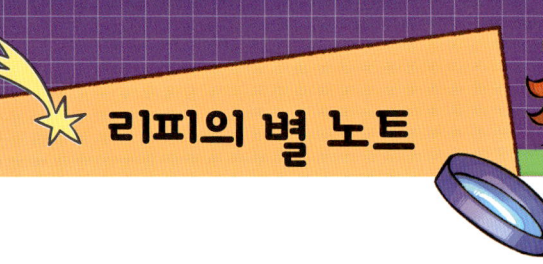

리피의 별 노트

금성

이름의 유래: 로마신 베누스

지위: 행성

발견일: 모름.

발견자: 모름.

평균 지름: 1만 2,104킬로미터

질량: 지구의 0.815배

평균 기온: 464도

공전 주기: 0.6152년(224.7일)

자전 주기: 243.021일

위성: 없음.

태양에서 가장 가까울 때의 거리: 1억 748만 킬로미터

태양에서 가장 멀 때의 거리: 1억 894만 킬로미터

- 지구형 행성
- 표면 온도가 가장 높은 행성
- 반대 방향으로 자전하는 행성

금성을 직접 보게 되다니!

수성

이름의 유래: 로마신 메르쿠리우스

지위: 행성

발견일: 모름.

발견자: 모름.

평균 지름: 4,879킬로미터

질량: 지구의 0.055배

평균 기온: 167도

공전 주기: 0.240864년

자전 주기: 58.646일

위성: 없음.

태양에서 가장 가까울 때의 거리: 4,600만 1,200킬로미터

태양에서 가장 멀 때의 거리: 6,981만 6,900킬로미터

- 지구형 행성
- 가장 작은 크기를 가진 행성
- 달과 비슷한 지형을 가진 행성

꼭 달같아!

리피의 별 노트

지구

이름의 유래: 그리스신 가이아

지위: 행성

발견일: 모름.

발견자: 모름.

평균 지름: 1만 2,742킬로미터

질량: 5.97237×10^{24} 킬로그램

평균 기온: 15도

공전 주기: 365.256363일

고리: 없음.

자전 주기: 23시간 56분 4초

위성: 1개

태양에서 가장 가까울 때의 거리: 1억 4,709만 5,000킬로미터

태양에서 가장 멀 때의 거리: 1억 5,210만 킬로미터

- 지구형 행성
- 생명체가 살고 있는 유일한 행성

자랑스런 지구!

태양

이름의 유래: 그리스신 헬리오스

지위: 항성

지구-태양 평균 거리:
1억 4,960만 킬로미터

평균 지름: 139만 1,400킬로미터

질량: 지구의 33만 배

표면 온도: 6,045도

자전 속도: 25.05일(적도)

나이: 46억 년

행성: 8개

- 태양계 전체 질량의 99.86 %를 차지
- 태양계 내에서 유일하게 스스로 빛을 내는 별
- 우리 은하 중심에서 약 2만 9,000광년 떨어져 있음.

눈부시게 밝아!

태양계×어린왕자

1판 1쇄 펴냄 | 2021년 10월 25일
1판 7쇄 펴냄 | 2024년 3월 15일

글　　　| 국립과천과학관 박대영
그림　　| 김하나
발행인　| 김병준
편집　　| 박유진·김경찬
마케팅　| 김유정·최은규
디자인　| 최초아
발행처　| 상상아카데미

등록 | 2010. 3. 11. 제313-2010-77호
주소 | 서울시 마포구 독막로6길 11, 우대빌딩 2, 3층
전화 | 02-6953-7790(편집), 02-6925-4188(영업)
팩스 | 02-6925-4182
전자우편 | main@sangsangaca.com
홈페이지 | http://sangsangaca.com

ISBN　979-11-85402-43-7 74400
　　　　979-11-85402-40-6 74400 (세트)

잘못 만들어진 책은 구입하신 서점에서 교환해 드립니다.

※ 본 책에 사용한 사진의 저작권은 셔터스톡과 나사에 있습니다.